U0600802

李 勇◎著

Study on legal knowledge
and legal literacy education
of college students

大学生法学常识 与法治素养教育研究

中国原子能出版社
China Atomic Energy Press

图书在版编目（ＣＩＰ）数据

大学生法学常识与法治素养教育研究 / 李勇著. —— 北京：
中国原子能出版社, 2019.9 （2021.10重印）
ISBN 978-7-5221-0100-2

Ⅰ.①大… Ⅱ.①李… Ⅲ.①社会主义法制－法制教
育－教学研究－高等学校 Ⅳ.①G641.5

中国版本图书馆CIP数据核字(2019)第216726号

大学生法学常识与法治素养教育研究

出　　版	中国原子能出版社(北京市海淀区阜成路43号 100048)	
责任编辑	蒋焱兰 (邮箱:ylj44@126.com QQ:419148731)	
特约编辑	李洁　刘锋	
印　　刷	三河市明华印务有限公司	
经　　销	全国新华书店	
开　　本	880mm×1230mm 1/32	
印　　张	6.75	
字　　数	200千字	
版　　次	2019年9月第1版	2021年10月第2次印刷
书　　号	ISBN 978-7-5221-0100-2	
定　　价	40.00元	

出版社网址:http://www.aep.com.cn　E-mail:atomep123@126.com
发行电话:010-68452845

前　言

　　在法治理念已经确立,法治社会已经成为现实的今天,我国正在实施依法治国方略,致力于社会主义法治国家的建设。党的十九大报告指出,全面依法治国是中国特色社会主义的本质要求和重要保障,并特别强调要提高全民族法治素养。依法治国的基础是具有法治品质的公民,然而与法治化进程相比,我国公民的法治素质还明显不适应法治社会的要求,因此提升我国公民的法治素质是目前迫切需要解决的一个问题。

　　提高公民法治素质的关键在教育,因而法治教育应当成为法治建设必须关注的重要环节。在公民法治教育的各对象群体中,大学生作为特殊的一个群体,对未来中国法治化进程有重大的影响,更应当成为法治教育的重中之重。面对新形势新任务,进一步加强和改进大学生法治教育,培养法治社会的合格公民,是学校教育的重要使命。高校在法治教育方面肩负着培养社会主义法治人才的重任,肩负着培养高素质人才的重要使命,因此必须将法治教育摆在高等教育重要的地位。

大学生的日常生活活动大多是在校园内,高校应当针对大学生的生活活动特点,充分利用校内资源,开展好大学生法治教育。当前,高校除了可以通过开设思想道德修养与法律基础、法学概论等课程进行法治教育外,还可以经常性地开设法律知识讲座、开展校园普法活动、开展法律社团活动等来提升大学生的法学常识和法治素养,多途径培养大学生法治素养。

　　本书从大学生应具备的法学常识与法治素养的概述着手,分析了我国大学生在校期间应掌握的基本法学常识,并结合我国大学生法治素养教育的现状,探讨了影响大学生法治教育的主要因素及大学生网络失范行为的具体表现,最后针对当前我国高校在大学生法治教育中出现的问题,探讨了加强大学生法治教育的有效策略。

　　由于作者水平有限,书中难免有不足之处,恳请读者批评指正。

作者
2019 年 5 月

目 录

第一章 大学生法学常识与法治素养概述 001

第一节 法学基本理论知识 …………………001

第二节 大学生基础法律常识 …………………007

第三节 大学生法治素养教育概述 …………………027

第二章 大学生受教育中应具备的法学常识 034

第一节 高校学生的管理制度 …………………034

第二节 高校学生的权利和义务 …………………040

第三节 高校与学生间的法律关系 …………………046

第四节 国家助学贷款制度 …………………052

第三章 大学生民事活动中应具备的法学常识 057

第一节 民事主体制度 …………………057

第二节 民事权利与民事责任 …………………061

第三节 大学生民事活动的法律关系 …………………081

第四节 大学生民事权利的保障 …………………084

第四章 大学生就业中应具备的法学常识 093

第一节 大学生就业权益的认知 …………………093

第二节　大学生就业权益的法律保护　……………101

第三节　大学生就业中的社会保障与失业补助　………108

第五章　大学生法治教育的现状及其成因　**113**

第一节　大学生法治教育现状　………………113

第二节　影响大学生法治教育的主要因素　………136

第三节　大学生网络失范行为的具体表现及其原因　…147

第六章　以法治素养教育为导向加强大学生法治教育　**160**

第一节　大学生法治素养课程的设置　………………161

第二节　大学生法治素养课程内容的完善　………166

第三节　以法治素养为导向深化大学生

法律意识培养　………………170

参考文献　**207**

第一章 大学生法学常识与法治素养概述

第一节 法学基本理论知识

一、法的产生以及法的本质和特征

(一)法的产生和发展

马克思主义法学认为,法不是从来就有的,也不是永远存在的。法是阶级社会和从有阶级社会过渡到无阶级社会产生和存在的特殊社会现象。

人类在进入阶级社会以前,是处于原始公社制度之下。原始公社生产关系的基础是生产资料公有制。原始社会既没有国家,也没有法。那时的社会组织是氏族制度,社会规范是习惯。正是这种氏族制度和习惯把原始社会的一切都调整和处理好了。正如恩格斯所说,"这种十分单纯质朴的氏族制度是一种多么美妙的制度啊! 没有军队、宪兵和警察,没有贵族、国王、总督、地方官和法官,没有监狱,没有诉讼,而一切都是有条有理的。""一切问题,都由当事人自己解决,在大多数情况下,历来的习俗就把一切调整好了。"

原始社会末期,社会生产力的发展导致剩余产品出现,随之而来的是阶级的产生和阶级矛盾、阶级斗争的出现。在这种情况下,氏族制度和习惯已经无能为力了,其被新的社会组织和社会规范所代替已经不可避免。奴隶主阶级为了维护自己在政治上、经济上的统治,需要建立军队、警察、监狱等一系列暴力机构和专门的管理机关,以镇压奴隶阶级的反抗和管理社会公共事务。同时,奴隶主阶级还需要把自己的意志上升为国家意志并制定为法律,用以维护本阶级的利益,确认和发展对本阶级有利的社会关系和社会秩序。总之,为了满足奴隶主阶级统治和社会发展的需要,国家和法律便在阶级斗争中自然产生了。正如恩格斯所指出的,"在社会发展某个很早的阶段,产生了这样的一种需要:把每天重复着的生产、分配和交换产品的行为用一个共同规则概括起来,设法使个人服从生产和交换的一般条件。这个规则首先表现为习惯,后来便成了法律。随着法律的产生,就必然产生出以维护法律为职责的机关——公共权力,即国家。"

法的产生不是一朝一夕的事情,而是经历了漫长的演变和发展过程,即由习惯到习惯法再到成文法的过程。原始社会的习惯、道德规范、祭祀规则为法律的产生准备了形式和条件。法同原始社会的习惯存在着继承关系。但是,两者有着本质区别:前者是阶级统治的工具,具有强烈的阶级性;后者是氏族成员的行为规则,不具有阶级性。

自法产生以来,按照法所建立的经济基础和阶级本质来划分。阶级社会的法可分为奴隶制、封建制、资本主义和社会主义四种历史类型的法。前三种历史类型的法都是建立在生产资料私有制经济基础之上,反映和代表剥削阶级的意志和利益,是维护剥削制度和剥削阶级统治的法,所以又可将其统称为剥削阶级类型的法。社会主义类型的法是建立在生产资料公有制经济基础之上,反映和代表工人阶级领导的广大人民群众意志和利益的法,它是人类社会最高历史类型的法。

(二)法的本质

什么是法?对此,剥削阶级思想家、法学家有许多不同的解释,有的说"法是正义的表现",有的说"法是理性的表现",有的说"法是主权者的命令"。他们关于法的这些解释,都脱离了阶级和阶级斗争,离开了经济条件,是唯心主义和形而上学的推论。他们的解释只说明了法的外部的和非本质的属性,掩盖了法是反映统治阶级意志、代表统治阶级利益、维护统治阶级统治的这一内部的和本质的属性,从而未能回答法究竟是什么。

马克思主义法学真正揭示了法的本质。马克思、恩格斯在《共产党宣言》中指出:资产阶级的法不过是资产阶级意志的体现,而这种意志的内容是由其物质生活条件来决定的。列宁也说过,"法律就是取得胜利、掌握国家政权的阶级的意志的表现"。根据经典作家的论述,法的本质可以概括为两个方面:一方面,法是统治阶级意志的表现,即法反映的是统治阶级的共同愿望、共同利益、共同要求,是统治阶级的整体意志,而不是统治阶级中的个别人或某一部分人的意志。虽然统治阶级为了缓和阶级矛盾、稳定社会秩序、巩固自己的统治,在制定法律的时候有可能考虑"同盟者"的利益,并向被统治阶级做出某些"让步"。但是,这不是"共同意志"。另一方面,法反映的统治阶级意志的内容是由其物质生活条件决定的。所谓"物质生活条件",主要指的是社会生产方式,包括生产力和生产关系两个方面。正是生产力和生产关系决定了法的性质、内容和发展方向。统治阶级意志,本质上就是对现存经济关系和物质利益的概括和反映①。

(三)法的特征

1.法是统治阶级的国家意志

法是通过国家政权表现出来的统治阶级意志。只有掌握国家政权的统治阶级才能通过国家机关,把本阶级的意志用法的形式表现出来,固定下来,并以国家的强制力迫使全体社会成员遵守。

2.法是国家制定或者认可的

制定和认可是国家创制法的两种主要方式。制定,是指原来没有这种行为规则,统治阶级为了保护自身的利益,由国家机关在其职权范围内,按照一定的法律程序创制含有不同效力的规范性法律文件;认可,是指原来这种行为规则(如习惯、道德规范、政治规范)就存在于社会之中,并且实际上已经在起作用,国家对其加以承认并赋予法律效力。

3.法规定了权利和义务

法律上的权利是指法律赋予人们的某种权能。法律上的义务是指法律规定人们必须履行的某种责任。法正是通过在法律上规定人们在一定社会关系中的权利、义务来保护和发

①刘定华.法学教育研究 第3辑[M].北京:知识产权出版社,2016.

展对统治阶级有利的社会关系与社会秩序的。

4.法是由国家强制力保证实施的,具有普遍的约束力

法是靠军队、警察、监狱、法院这些暴力机关的强制来保证实施的。但是不同性质的国家的法,其强制力的性质和程度是不一样的。剥削阶级的法主要靠国家强制来保证实施,社会主义国家的法是靠人们的自觉遵守和国家的强制力相结合来保证实施的。

根据马克思主义法学理论,法的定义可以做如下表述:法是由国家制定或认可并有国家强制力保证其实施的,反映着统治阶级意志的规范系统。这个意志的内容是由统治阶级的物质生活条件决定的,它通过规定人们在相互关系中的权利和义务,确认、保护和发展对统治阶级有利的社会关系和社会秩序,是实现阶级统治和管理公共事务的工具。

二、我国现行宪法的基本特征和指导思想

(一)我国现行宪法的基本特征

1.宪法规定国家的根本制度和根本任务

我国宪法序言宣布,宪法"以法律的形式确认了中国各族人民奋斗的成果,规定了国家的根本制度和根本任务"。根本制度即国家制度和社会制度的基本原则,包括国家性质、政权组织形式、国家结构形式、社会经济制度、国家机关的组织与活动基本原则、公民的基本权利和义务等涉及国家全局的根本性问题;根本任务是沿着中国特色社会主义道路,集中力量进行社会主义现代化建设。而其他法律所规定的内容,只涉及国家生活或社会生活中某一方面的重要问题,如婚姻法主要规定婚姻和家庭关系方面的问题,刑法主要规定犯罪和刑罚方面的问题。

2.宪法具有最高的法律效力

(1)宪法的法律效力高于普通法律,在适用上优于普通法律,如果普通法律与宪法的内容相抵触,则该普通法律全部无效或抵触的部分无效。因此,宪法是国家进行立法工作的法律依据,宪法与普通法律的关系是"母法"与"子法"的关系。我国宪法序言规定,宪法"是国家的根本法,具有最高的法律效力"。总纲中还规定,"一切法律、行政法规和地方性法规都不得同宪法相抵触"。

(2)宪法是任何个人和组织的根本活动准则,宪法作为根本的活动准则,是任何个人和组织活动的依据,对人们具有直接的约束力和强制力。我国宪法序言规定,"全国各族人民、一切国家机关和武装力量、各政党和各社会团体、各企业事业组织都必须以宪法为根本的活动准则,并且负有维护宪法尊严、保护宪法实施的职责"。宪法还明确规定了监督宪法实施的特定主体——全国人民代表大会及其常务委员会,由其行使对宪法实施监督的职权。

3.宪法的制定和修改程序更为严格

由于宪法所规定的内容是国家生活中根本性的问题,因而统治阶级为了保证它的尊严和相对稳定性,对其制定和修改程序的要求比普通法律更为严格。宪法的制定一般要成立专门的组织。我国1954年和1982年制定宪法时,就曾专门成立了宪法起草委员会。我国宪法中规定,宪法的修改,由全国人民代表大会常务委员会或者1/5以上的全国人民代表大会代表提议,并由全国人民代表大会以全体代表的2/3以上的多数通过,法律和其他议案由全国人民代表大会以全体代表的过半数通过。

(二)我国现行宪法的指导思想

我国现行宪法的总的指导思想,是以马克思列宁主义、毛泽东思想、邓小平理论和"三个代表"重要思想、科学发展观、习近平新时代中国特色社会主义思想为指导,坚持人民民主专政,坚持社会主义道路,坚持共产党的领导,坚持改革开放,不断完善社会主义各项制度,发展社会主义市场经济,发展社会主义民主,健全社会主义法治,自力更生,艰苦奋斗,逐步实现工业、农业、国防和科学技术现代化,推动物质文明、政治文明和精神文明协调发展,把我国建成富强、民主、文明、和谐的社会主义国家。

第二节　大学生基础法律常识

一、我国的法律体系

法律体系(也称部门法体系),是指一国的全部现行法律规范,按照一定的标准和规则,划分为不同的法律部门而形成的内部和谐一致、有机联系的整体。在一国法律体系中,法律规范是基本元素,法律部门是基本单位。

（一）宪法

宪法是我国法律体系的基础，主要表现形式是《中华人民共和国宪法》。

（二）民法

民法是调整平等主体的公民之间、法人之间、公民和法人之间的财产关系和人身关系的法律，主要由《中华人民共和国民法通则》和单行民事法律组成，单行民事法律主要包括《合同法》《担保法》《专利法》《商标法》《著作权法》《婚姻法》等。

（三）刑法

刑法是规定犯罪和刑罚的法律，主要表现形式是《中华人民共和国刑法》。此外，一些单行法律、法规的有关条款也可能规定刑法规范。

（四）行政法

行政法是调整国家行政管理活动中各种社会关系的法律规范的总和，主要包括《行政处罚法》《行政复议法》《行政监察法》《治安管理处罚法》等。

（五）诉讼法

诉讼法，又称诉讼程序法，是有关各种诉讼活动的法律，其作用在于从程序上保证实体法的正确实施。诉讼法主要包括《民事诉讼法》《行政诉讼法》《刑事诉讼法》，《仲裁法》《律师法》《法官法》《检察官法》等法律的内容也可归属于该法律部门。

(六)商法

商法是调整平等主体之间商事关系或商事行为的法律,主要包括《公司法》《保险法》和《票据法》等。我国实行"民商合一"的原则,商法虽然是一个相对独立的法律部门,但民法的许多规定也适用于商法。

(七)经济法

经济法是调整国家在经济管理中发生的经济关系的法律,包括《建筑法》《招标投标法》《反不正当竞争法》《税法》等。

(八)劳动和社会保障法

劳动法是调整劳动关系的法律,主要包括《劳动法》《劳动合同法》等;社会保障法是调整有关社会保障和社会福利的法律,包括《安全生产法》《消防法》等。

(九)自然资源与环境保护法

自然资源与环境保护法是关于保护环境和自然资源、防治污染和其他公害的法律。自然资源法主要包括《土地管理法》《节约能源法》等;环境保护方面的法律主要包括《环境保护法》《环境影响评价法》《噪声污染环境防治法》等。

二、我国宪法规定的公民基本权利

公民的基本权利指的是公民所享有的基本的、具有重要意义的权利和自由。在权利体系中体现公民政治、经济与社会地位的权利,通常被纳入基本权利的范畴。

(一)平等权

平等权是一种基本人权,是在人的关系范畴中形成的客观事实。我国宪法规定,中华人民共和国公民在法律面前一律平等。所有公民平等地享有宪法和法律规定的权利,平等地履行宪法和法律规定的义务。国家在适用法律时,对于所有公民的保护和惩罚都是平等的,任何组织和个人都不得有超越宪法和法律的特权。

(二)政治权利

政治权利是宪法中规定的公民参与国家政治生活的一切权利和自由,它是公民的经济要求在政治上的集中反映,是公民权利的重要组成部分,也是公民其他权利的基础。在现代社会,公民享有政治权利的广度及其实现程度如何,往往是衡量一个国家民主化程度的重要指标。我国公民的政治权利主要有选举和被选举权,言论、出版、集会、结社、游行、示威自由以及参与国家管理的权利。

(三)宗教信仰自由

我国保障正常的宗教活动。我国公民既有信仰宗教的自由,也有不信仰宗教的自由;有信仰这种宗教的自由,也有信仰那种宗教的自由;在同一宗教里,有信仰这个教派的自由,也有信仰那个教派的自由;有过去信教而现在不信教的自由,也有过去不信教现在信教的自由。任何人不得利用宗教进行破坏社会秩序、损害公民身体健康、妨碍国家教育制度的活动。

(四)人身自由

人身自由是公民一切行动和生活的前提,是公民最基本的权利之一。狭义的人身自由权指公民的身体自由不受侵犯,即公民享有不受非法限制、监禁、逮捕或羁押的权利。广义的人身自由权还包括与人身紧密联系的人格尊严和公民住宅不受侵犯,公民的通信自由和通信秘密受法律保护等。我国宪法中规定的人身自由属于广义概念,其主要内容分析如下:

人身自由不受侵犯,即公民享有人身不受任何非法搜查、拘禁、逮捕、剥夺、限制的权利。

人格尊严不受侵犯,指与人身有密切联系的名誉、姓名、肖像等不容侵犯的权利,具体体现为人格权,如姓名权、肖像权、名誉权、荣誉权、隐私权等,禁止侮辱、诽谤和诬告陷害。

公民住宅不受侵犯,即住宅安全权,指公民居住、生活的场所不受非法侵入和搜查。

公民的通信自由和通信秘密受法律保护。我国宪法规定:"除因国家安全或者追查刑事犯罪的需要,由公安机关或者检察机关依照法律规定的程序对通信进行检查外,任何组织或者个人不得以任何理由侵犯公民的通信自由和通信秘密。"具体包括,他人不得扣押、隐匿、毁弃公民的通信,他人不得私阅或窃听公民通信、通话的内容。

(五)批评权,建议权,申诉、控告、检举权和取得赔偿权

批评权是指公民对于国家机关及其工作人员的缺点和错误、态度与作风有权提出要求克服改正的意见;建议权是指公民对国家机关的工作有提出改进的主张和方案的权利;申诉权是指公民对国家机关做出的决定不服的,可向有关国家机关提出请求,要求重新处理;控告权是指公民对违法失职的国家机关及其工作人员的侵权行为有提出指控与请求有关机关对违法失职者予以制裁的权利;检举权是指公民对国家机关工作人员的违法失职行为有向有关机关进行揭发和举报的权利;取得赔偿权是指国家机关和国家机关工作人员违法行使职权对公民的合法权益造成损害时,受害人有权取得国家赔偿。2012年修订的《中华人民共和国国家赔偿法》详细规定了公民取得赔偿的范围、程序、方式和计算标准等内容,为公民取得赔偿权提供了具体的法律依据。

(六)社会经济权利

社会经济权利是指我国宪法规定的关于公民享有的经济生活和物质利益方面的权利,它是公民实现其他权利的物质条件,是与提高公民物质生活水平有密切关系的重要权利。宪法规定的公民社会经济权利主要有以下几种:

1.公民的财产权

财产权是指公民对其合法财产享有的不受侵犯的所有权。我国宪法规定:"公民的合法的私有财产不受侵犯。国家依照法律规定保护公民的私有财产权和继承权。国家为了公共利益的需要,可以依照法律规定对公民的私有财产实行征收或者征用并给予补偿。"

2.公民的劳动权

劳动权是指有劳动能力的公民,有获得工作和取得劳动报酬的权利。为使公民实现这一权利,我国宪法规定,国家通过各种途径,创造劳动就业条件,加强劳动保护,改善劳动条件,并在发展生产的基础上,提高劳动报酬和福利待遇。

3.劳动者的休息权

休息权和劳动权是密切联系的,规定休息权是为了保护劳动者的身体健康和提高劳动效率。为此,国家规定每周40小时工作制,还有法定的节假日、探亲假、年休假等;国家修建了许多休养所、疗养院、文化宫、俱乐部和其他文化娱乐场所,供劳动者疗养、休息,体现了国家对劳动者的关怀。

4.退休人员的生活保障权

我国宪法规定:"国家依照法律规定实行企业事业组织的职工和国家机关工作人员的退休制度。退休人员的生活受到国家和社会的保障。"此外,国家还制定了一系列法律、法规,对退休的年龄、条件和退休后的工资福利待遇做了详细规定,给予可靠保障,这对于国家的安定团结、促进社会主义现代化建设具有重要意义①。

5.获得物质帮助权

我国宪法规定:"中华人民共和国公民在年老、疾病或者丧失劳动能力的情况下,有从国家和社会获得物质帮助的权利。"为了实现公民这一权利,我国宪法还规定,国家发展社会保险、社会救济和医疗卫生事业,保障残废军人的生活,抚恤烈士家属,优待军人家属,帮助安排盲、聋、哑和其他残疾公民的劳动、生活和教育,充分体现了我国社会主义制度的优越性。

三、我国宪法规定的公民基本义务

公民的基本义务是指宪法规定的公民必须履行的法律责

---

①刘传兰. 宪法[M]. 北京:中国政法大学出版社,2014.

任,即依据法律必须做出一定行为或不做出一定行为。它决定着公民在国家生活中的政治与法律地位。如果个别公民不履行义务或者不忠实地履行义务,国家和社会有权予以谴责、处分和制裁。我国宪法规定的公民的基本义务主要包括以下内容:

维护国家统一和民族团结。维护国家统一是指维护国家主权独立和领土完整。维护民族团结是指每个公民都有责任维护各民族间的平等、团结和互助关系,同一切破坏民族团结和制造民族分裂的言行作斗争。

遵守宪法和法律,保守国家秘密,爱护公共财产,遵守劳动纪律,遵守公共秩序,尊重社会公德。

维护祖国的安全、荣誉和利益。任何组织和个人进行危害国家安全、有辱祖国荣誉、损害祖国利益的行为都必须受到法律追究和制裁。

保卫祖国、依法服兵役和参加民兵组织。

其他义务。如父母有抚养教育未成年子女的义务,成年子女有赡养扶助父母的义务;公民有依法纳税的义务等。

四、社会主义的依法治国

(一)依法治国的含义和内容

1.依法治国的含义

依法治国,就是广大人民群众在党的领导下,依照宪法和法律规定,通过各种途径和形式管理国家事务,管理经济文化事业,管理社会事务,保证国家各项工作都依法进行,逐步实现社会主义民主的制度化、法律化,使这种制度和法律不因个人意志而改变。

2.依法治国的内容

依法治国的主体是党领导下的人民群众;依法治国的本质是崇尚宪法和法律在国家政治、经济和社会生活中的权威,彻底否定人治,确立法大于人、法高于权的原则,使社会主义民主制度和法律不受个人意志的影响;依法治国的根本目的是保证人民充分行使当家作主的权利,维护人民当家作主的地位;依法治国是一切国家机关必须遵循的基本原则;立法机关要严格按照立法制定法律,逐步建立起完备的法律体系,使国家各项事业有法可依;有法可依是实现依法治国的前提条件;行政机关要严格依法行政。依法行政就是要求各级政府及其工作人员严格依法行使其权力,依法处理国家各种事务;它是依法治国的重要环节;司法机关要公正司法、严格执法。总之,依法治国要求各国家机关切实做到有法必依、执法必严、违法必究。

(二)依法治国的重大意义

依法治国,是党领导人民治理国家的基本方略,是发展社会主义市场经济的客观需要,是社会文明进步的重要标志,是国家长治久安的重要保障。作为中国共产党和国家的基本治国方略和发展目标,依法治国经历了一个发展、演变的过程。在新的历史条件下,党和国家所面临的新问题和新任务促使党不断进行理论创新,"三个代表"重要思想、科学发展观、习近平新时代中国特色社会主义思想等重要思想应运而生,从而进一步丰富和充实了依法治国的内涵。在新的形势下对依法治国进行与时俱进的理解和认识具有重要的理论和现实意义。

1.依法治国不仅是治国的基本方略,而且是中国共产党的重要价值目标

法治是一种治国之道,同时也是一种价值观念,法治或人治的取舍实质上是一种价值选择。党的十五大报告把依法治国提到治国方略的高度,明确提出了建设社会主义法治国家的目标。依法治国成为建设社会主义政治文明的重要内容,并被视为社会进步、社会文明的一个重要标志。把"依法治国,建设社会主义法治国家"作为我国社会主义现代化建设的战略目标,不仅是中国共产党就治国方式做出的一个具有里程碑意义的重大决策,而且也是一个重要的价值选择。把法治设定为国家建设的重要目标,意味着法治不仅被当作一种治理国家和社会的工具和手段,而且成为党和国家所追求的一种价值观念。

2.依法治国在本质上与习近平新时代中国特色社会主义思想的目标和要求相一致

法治是被世界各国长期的历史实践所证明了的治理国家和社会的有效办法,是全人类文明和智慧的结晶,代表了世界文化的进步。就社会主义中国而言,法治针对的是权力的滥用,它反对特权,维护民众的合法权益,反映了广大人民群众的根本利益。社会主义法治是与社会主义市场经济体制相适应的,是发展先进生产力的客观要求。因此,依法治国本质上反映了习近平新时代中国特色社会主义思想的要求,也是实践习近平新时代中国特色社会主义思想的重要途径和有力保

障;另一方面,习近平新时代中国特色社会主义思想体现了社会主义法治的价值取向,反映了社会主义法治的本质要求。可以说,习近平新时代中国特色社会主义思想是中国法治建设的灵魂,是依法治国的指导思想,也是衡量我国法治建设成败得失的标准。我们立法和执法的整个过程都要体现和服务于习近平新时代中国特色社会主义思想。

3.依法治国与党的领导和人民当家作主是有机结合、辩证统一的

党的十九大报告指出:"全面依法治国是中国特色社会主义的本质要求和重要保障。必须把党的领导贯彻落实到依法治国全过程和各方面,坚定不移走中国特色社会主义法治道路。"党对国家和社会的领导主要是政治、思想和组织上的领导,主要表现为"制定大政方针,提出立法建议,推荐重要干部,进行思想宣传,发挥党组织和党员的作用,坚持依法执政。"作为执政党,党的领导的核心内容是领导和保障人民当家作主,掌管国家权力,途径是人民代表大会。

作为国家权力机关,人大的基本职能是立法和监督法律的实施。党的路线方针政策需要通过人大法定程序上升为国家法律;党组织推荐的国家政权机关的领导人须经人大认可。党领导、指导立法,但又受到宪法和法律的约束。依法治国既保证党总揽全局、协调各方的领导核心地位,又要求党通过法治来实施对国家和社会的领导,从而避免以党代政、党政不分。人民当家作主是社会主义民主政治的核心内容,党的领导和依法治国都必须服务于人民当家作主。在当前的情况下,坚持党的领导、人民当家作主和依法治国的有机统一,关

键是要完善人民代表大会制度,使其职能和作用得以真正实现和充分发挥。

4.依法治国的关键是依法执政

把依法治国作为治国方略,标志着中国共产党执政方式和社会主义国家治理方式的重大发展和转变。依法治国的关键是要求坚持依法执政,依法执政是新的历史条件下党执政的一个基本方式,并把依法执政同科学执政、民主执政一起作为中国共产党执政党建设的总体目标之一。依法执政的基本内涵和要求是:加强党对立法工作的领导,使党的主张通过法定程序上升为国家意志,从制度上、法律上保证党的路线方针政策的贯彻实施,使这种制度和法律不因领导人的改变和领导人看法和注意力的改变而改变;全党同志特别是领导干部要牢固树立法治观念,坚持在宪法和法律范围内活动,带头维护宪法和法律的权威;督促、支持和保证国家机关依法行使职权,保障公民和法人的合法权益;加强和改进党对政法工作的领导,支持审判机关和检察机关依法独立公正地行使审判权和检察权,提高司法人员素质,加强对司法活动的监督和保障;以保证司法公正为目标,逐步推进司法体制改革,形成权责明确、相互配合、相互制约、高效运行的司法体制,为在全社会实现公平和正义提供法治保障。在我们党长期执政的情况下,国家政权机关中的骨干绝大多数是中共党员。这就意味着,我国能否实行依法治国在很大程度上取决于中国共产党及其广大党政干部能否做到依法执政。当前,依法执政是依法治国的关键所在。

5.依法治国与以德治国相辅相成

以德治国的基本含义和要求是以马克思列宁主义、毛泽东思想、邓小平理论和"三个代表"重要思想、科学发展观、习近平新时代中国特色社会主义思想为指导,以为人民服务为核心,以集体主义为原则,以爱祖国、爱人民、爱劳动、爱科学、爱社会主义为基本要求,以职业道德、社会公德、家庭美德的建设为落脚点,建立与社会主义市场经济相适应、与社会主义法律体系相配套的社会主义思想道德体系,并使之成为全体人民普遍认同和自觉遵守的行为规范。道德和法律作为上层建筑的重要组成部分,是规范人们的思想和行为的重要手段。法律以强制手段规范社会成员的行为、道德,以其说服力和劝导力培养和提高社会成员的修养和思想觉悟。两者具有共同的社会目的,即维护社会秩序,保证社会稳定、和谐与发展。我们强调依法治国与以德治国相结合,就是把法律规范和道德规范紧密结合起来,共同服务于维护国家的长治久安、社会经济文化的健康和可持续发展。就国家和社会的有效治理而言,法治与德治历来是相辅相成、相互促进的,二者缺一不可。我们在强调依法治国的同时,也必须坚持不懈地加强社会主义道德建设,做到德治和法治并举,"两手抓,两手都要硬",片面强调法治而忽视德治的思想是错误和有害的。法治以德治为基础,良好的道德风尚是法治有效性的社会基础,只有法治和德治并举方可长治久安。法治和德治相结合是治国安邦的基本方略;社会主义民主法治和社会主义道德同为中国特色社会主义的建设目标。

(三)实现依法治国的主要途径

1.党领导人民继续加强立法工作

加强立法是实行依法治国的基本前提。改革开放40多年来,我国立法工作取得了很大成绩,为建立中国特色社会主义法律体系奠定了良好的基础,同时也为贯彻依法治国,建设社会主义法治国家的治国方略,提供了基本的前提条件。

党的十一届三中全会提出了社会主义法治建设的任务。当时的主要任务是实现有法可依,即需要制定完备的法律。从那时以来,五届至八届全国人大及其常委会始终把立法工作放在最重要的位置。40多年来,全国人大及其常委会的立法工作在于加强党对全面依法治国的领导,形成了中国特色社会主义法律体系,国家经济建设、政治建设、文化建设、社会建设、生态文明建设各个方面实现了有法可依,在深刻变革的社会大背景下形成了安定和谐的社会法律秩序,使宪法法律成为引领、规范、推动和保障改革开放的强大法治力量。除立法步伐加快、立法质量有所提高外,围绕建立社会主义市场经济体制,也制定了一批适应市场经济需要的法律。同时,还特别注意立法决策和改革发展决策相一致。这些制定和修改的法律,对依法治国,建设社会主义法治国家产生了重要的、深远的影响。目前,我国在国家政治、经济、文化、社会生活的基本方面,已基本做到有法可依。但是,我国的法律还不够完备,特别是在社会主义市场经济体制不断完善的过程中,一系列新的法律还需要制定,有些原有的法律也要随着改革的深入而进行修改。这样,才能把依法治国,建设社会主义法治国家的治国方略落到实处。

2.加强党对政法工作的领导

政法工作做得如何,直接关系到改革开放和社会主义现代化建设事业能否顺利发展,直接关系到能否保持社会的稳定、政权的巩固和国家的长治久安。因此,在新的历史时期必须加强党对政法工作的领导,不能有丝毫放松。加强党对政法工作的领导,一是要抓住有利时机,进一步落实社会治安综合治理领导责任制、目标管理责任制,发动各部门齐抓共管,重点抓好基层基础工作和防范体系建设,充分发动群众群防群治,从根本上预防和减少犯罪。二是要切实加强党对政法工作的领导,建设好政法部门的领导班子,全面提高各级领导干部的素质,特别是思想政治素质,在任何情况下,都应保持清醒的政治头脑,有较强的政治鉴别力,时刻坚持正确的政治立场和政治方向。三是建设高素质的政法队伍。在发展社会主义市场经济,实行依法治国,建设社会主义法治国家的进程中,随着社会主义民主和法治建设的不断加强,政法机关肩负的任务更加艰巨繁重。因此,必须建立高素质的政法队伍,深入开展全心全意为人们服务的宗旨教育,弘扬廉洁奉公、秉公执法、无私奉献的精神,增强自觉抵御腐朽思想侵蚀的能力,切实改进工作作风,提高执法水平,努力把政法队伍建设成为政治合格、忠诚可靠、训练有素、精通业务、纪律严明、作风过硬、秉公执法的队伍。

3.依法行政是依法治国的关键

依法行政的核心是我们的政府如何按照法律化的制度正确处理自己与人民的关系,要害是要始终牢记我们手中的权力是人民给的。依法治国,首先要规范、制约、监督权力,保证正确行使权力、防止滥用权力。行政机关是权力机关的执行机关,权力机关的意志主要通过其所制定的法律表达出来,因此,执行机关也是执法机关。司法和执法机关都必须牢固树立严格执法的意识,正确对待党和人民赋予的职权,做到严格执法、公正执法、依法行政。依法行政就是行政机关依法履行职责,包括两个方面:一是办事权限合法。二是办事程序合法。行政机关依法行政,是权、责统一的,既有权又有责。法律做了规定,就要按规定办,既不能失职,又不能越权,既不能不作为,又不能乱作为。依法行政的好坏,直接影响到依法治国的进程和效果。因此,全体党员干部,特别是各级领导干部,必须具备较高的法律素质,不断地强化为谁掌权、为谁服务的执法意识,提高依法行政、依法管理各项事业的自觉性,正确认识权与法的关系,从思想观念、工作方法、管理措施上转变到依法行政上来。以自身的实际行动为广大干部群众做出表率,带动全社会形成学法、用法、护法的良好风气。

4.党必须在宪法和法律范围内活动

《中国共产党党章》中关于"党必须在宪法和法律范围内活动"的规定,是把执政党领导方式纳入法治轨道的基本依据,是一条极其重要的法治原则。党对国家的领导和监督,必须通过和运用法律手段。党只能通过立法机关和政府进行领导,自觉依法办事,而绝不能凌驾于国家之上发号施令。社会主义民主的本质是人民当家作主,国家的一切权力属于人民,党和政府是人民群众根本利益的代表者。为了更好地领导和保证实现人民当家作主的权利,党必须在宪法和法律范围内活动,执政党的领导权不能大于"法"。要维护宪法、法律的尊严与权威,坚持法律面前人人平等原则,任何人、任何组织都没有超越法律的特权,在法律面前,执政党和其他民主党派一样,党和国家的领导人同普通百姓一样。这对于保持作为执政党的中国共产党的纯洁性,克服和清除党内的腐败现象;防止党蜕化变质,确保依法治国,建设社会主义法治国家伟大目标的实现,有着十分重要的现实意义和深远的历史意义。

5.不断强化执法监督

目前,执法活动中存在着有法不依、执法不严、违法不究和滥用职权、执法犯法以及地方和部门保护主义等现象,这些都是阻碍和破坏依法治国进程的突出问题。因此,必须进一步加强执法监督,完善民主监督制度,切实把党内监督、法律、监督、社会各界和人民群众监督及舆论监督结合起来,并把这些监督规范化、制度化。为维护公民的合法权益,保障国家法律的统一正确的实施,各级人大和检察机关更有责任加强法律监督,建立一个科学完善的监督制约机制,这也是依法治国的重要内容。

总之,党的领导与依法治国是统一的,需要通过自觉的实践活动来加以实现。我们必须在党的领导下,健全民主制度,坚持和完善人民民主专政,坚持和完善人民代表大会制度和共产党领导的多党合作、政治协商制度以及民族区域自治制度,加强法治建设,坚持有法可依、有法必依、执法必严、违法必究;完善民主监督制度,坚持公平、公正、公开的原则,把党内监督、法律监督、群众监督结合起来,发挥舆论监督的作用,只要我们加强党的领导,切实在各个领域、各个方面始终贯彻依法治国的方针,就一定能够实现建设社会主义法治国家的宏伟目标。

五、我国的国家机构

（一）国家机构的概念和分类

1.国家机构的概念

国家机构是指一定社会的统治阶级按照行使职权的性质和范围建立起来的、进行国家管理和执行统治职能的国家机关体系。国家机构是一整套有系统的国家机关的总和，而不是国家机关的简单相加。国家机构主要有以下特点：①阶级性；②历史性；③强制性；④组织性。

2.我国国家机构的分类

按照不同的标准可以对国家机构进行不同的分类。按照国家机构的性质，可分为剥削阶级国家机构和无产阶级国家机构；按照国家机构行使权力的属性不同，可将国家机构分为立法机关、行政机关、司法机关。

我国国家机构的分类，从行使权力的范围来看，可分为中央国家机关和地方国家机关。从行使权力的不同职能来看，可分为国家权力机关、国家行政机关、国家军事机关、国家审判机关和检察机关。

（二）我国国家机构的组织与活动原则

1.民主集中制原则

民主集中制是指在民主基础上实行集中，在集中指导下民主的一个国家机构组织和活动原则，体现民主与集中的辩证统一。民主集中制在国家机关的组织和活动中主要体现在以下几方面：

(1)在国家机构与人民的关系方面,体现了国家权力来自人民,由人民组织国家机构。因为权力机关——人民代表大会是由人民民主选举产生人民代表组成的。

(2)在国家权力机关与其他国家机关之间的关系上,在我国,国家权力机关居于核心地位,其他的国家机关都由它产生,对它负责,受它监督。

(3)在中央和地方机构的关系上,遵循"在中央的统一领导下,充分发挥地方的主动性、积极性"的原则。

2.社会主义法治原则

有法可依、有法必依、执法必严、违法必究是社会主义法治原则的基本要求。在国家机构中具体体现为,国家立法机关要加强立法工作,不断完善社会主义法律体系;依法组织和建立国家机关及其职能部门;所有国家机关的职权都有法律依据;并且各种国家机构都必须依法定程序行使宪法和法律赋予的职权;国家权力机关要加强法律监督,保证同级其他国家机关在宪法和法律的范围内活动。

3.责任制原则

责任制是指国家机关依法对其行使职权、履行职责的后果承担责任的原则。由于各种国家机关行使的国家权力的性质不同,我国宪法规定了两种责任制:集体负责制和个人负责制。

集体负责制是合议制机关在决定问题时,由全体组成人员集体讨论,按照少数服从多数的原则做出决定。集体组织中每个成员的地位和权利平等,任何人都没有特殊权利,由集体承担责任。各级人民代表大会及其常委会、各级人民法院、各级人民检察院都适用集体负责制。

个人负责制亦称首长负责制。它是国家特定机关在行使职权时,由首长个人决定并承担责任的一种领导体制。首长负责制分工明确,在执行决定时可以避免无人负责或推卸责任现象,能够充分发挥首长个人智慧和才能,提高工作效率。各级行政机关以及中央军事委员会都实行个人负责制。

4.联系群众,为人民服务原则

一切国家机关和国家工作人员必须依靠人民的支持,经常保持同人民的密切联系,倾听人民的意见和建议,接受人民的监督,努力为人民服务。首先,在思想上树立密切联系群众,一切为人民服务的思想,认识到自己手中的权力来自于人民的赋予。其次,国家机关及工作人员要坚持"从群众中来,到群众中去"的工作方法。最后,广泛吸收人民群众参加管理国家并接受人民监督。

5.精简和效率原则

一切国家机关实行精简的原则,实行工作责任制,实行工作人员的培训和考核制度,不断提高工作质量和工作效率,反对官僚主义。在我国,精简机构,实行机构改革必须做到:按照经济体制改革和政企分开的原则,合并裁减部门和机构,使政府对企业由以直接管理为主转变为间接管理为主;依法设置机构,定岗定员,改变国家机关臃肿、人浮于事、办事效率低等情况;改革干部人事制度,完善和推广国家公务员制度。

第三节 大学生法治素养教育概述

法治素养,不仅是当代大学生思想道德素养的重要内容,也是大学生的学习、生活和社会交往的现实需要,更是其面对新形势走上工作岗位必需的核心素质和基本能力。

近年来,大学生群体在法治舆情领域成为一个备受关注的群体,尤其在部分刑事案件中,无论是作为受害者或是作为实施者的大学生当事人的法治素养,都越来越引起公众和社会多方面的警觉。与此同时,大学生作为群体性受害者的事件也呈多发趋势,不少缺少法律知识和社会经验又盲目追求所谓生活品质的大学生成为传销和校园贷等犯罪手法的受害者,类似事件时常见诸报端和各媒体平台。上述情况,或与大学生群体本身的身份特质有关,或由大学生个体经历和心理的特殊性导致,或经网络传媒的推动加剧,但无论如何,提升大学生知法懂法守法的意识,改变大学生频受不法侵害的现状,是一个亟需思考和研究的问题。党的十九大报告指出,全面依法治国是中国特色社会主义的本质要求和重要保障,并特别强调要提高全民族法治素养。可见,法治素养的培养是中国特色社会主义建设依法治国的内在要求,其重要性不言而喻。

事实上,人类社会历史发展的经验和教训都表明,法治素养的高低是影响一个社会和谐稳定的重要因素,尤其是在现代社会中,公民的法治素养的高低极大程度地决定着这个社会内部文明程度的水平。因而,毫无疑问,公民法治素养的培养也是现代文明社会公民素养培养的重要组成内容。法治素养对现代公民个人的生活质量影响日益增大,在某些特定情形下甚至能够左右一个人的人生轨迹。

大学生群体正处于从未成年人走向成年人的关键阶段,处于从家庭和学校走向社会的关键阶段,面临着开始承担责任、履行义务的公民个体生活。在这一时期,了解社会规则尤其是了解甚至理解并准确掌握社会中的法律规则,并形成法治意识,建立对法治的信心和信仰,对于其自信从容地走向社会,成为一个成熟的社会公民而言,尤其重要。

一、法治的概念

卢梭对法治理念中法律的内涵曾做了一个简练的概括,认为:"法律乃是公意的行为。"他认为法律结合了意志普遍性与对象的普遍性,是"公共智慧的结果便形成理智与意识在社会体中的结合",是"全社会的最大力量"。卢梭的观点无疑道出了法治的核心内涵,就是按照公共意志对社会进行规则治理,这正是现代法治的核心理念。现代法治不管是理论还是实践都源于西方现代化过程,西方法治理论的发展路径主要沿着实质法治与形式法治两条主线,而学界对于法治的定义也始终围绕这两条主线。从亚里士多德提出法治的定义开始,西方学者就孜孜不倦地对法治的内涵进行阐释,关于实质法治论与形式法治论的争论不断丰富着法治的内涵,这两种观点分别体现在国外两部比较权威的法学辞典中[1]。

---

[1]赵雪舟. 大学生法治素养培养问题研究[D]. 上海:上海师范大学,2018.

在《牛津法律大辞典》中,"法治"被解释为:"一个无比重要,但未被定义也不是随便就能定义的概念,它意指所有的权威机构、立法、司法、行政及其他机构都要服从于某些原则。这些原则一般被看作是表达了法律的各种特性,如正义的基本原则、道德原则、公平和合理诉讼程序的观念,它含有对个人的至高无上的价值观念和尊严的尊重。"

另一部权威的法学词典《布莱克法律词典》则将法治解释为以下几个意思:"一项内在的法律原则;法律至上,即规则至上反对专制特权;在法域内个人必须遵守法律规定;一般宪法原则的来源是法庭做出的决定个人权利和判决;依据法律观点做出的司法判决。"

在这两部权威法学辞典中,前者主要体现了法治的实质含义,强调法律应该发挥作用来保护人的权利和尊严,注重体现法律背后的价值、原则和精神;后者主要体现的是法治的形式含义,重点分析法治本身,更关注法律本身的形式、制度和运行,较少关注法治的内在价值。可见,法治的内涵既有形式含义,也有实体含义。

在我国,学者们对于法治内涵的界定多结合了形式法治思想与实质法治思想。高其才教授指出:"法治包含了许多层含义,它既是指一种治国的方略、社会调控方式,又是指一种民主的法制模式和依法办事而形成的法律秩序,还是指一种法律价值、法律精神和一种社会理想。"孙笑侠教授认为法治具有多层次含义,主要包含两个部分内容,即形式意义的法治和实质意义的法治,是两者的统一体。还有学者认为法治的概念包含形式要素和实质要素,他们从亚里士多德提出的法治概念出发,指出亚里士多德只揭示了法治具有的普遍守法与良法之治两大形式要素,但没有揭示隐含在其背后的限权和民主两大实质要素。而法治概念的四个要素缺一不可,任何一项的缺失都会导致概念内涵的不完整,违背法治的要求。可见,法治是一个丰富的概念,具有明显价值取向,既表征一种治国方略或社会调控方式,也代表依法办事的原则,还意指法律秩序的状态。

无论是作为治国方略,还是作为依法办事的原则,法治最终是要追求法律秩序的实现,这是法治的形式价值。但法治追求的"法律秩序"是有特定价值基础和价值目标的,因此法治还是蕴含有正义、道德、公正等内在价值的概念,这是法治的实质价值。在这些之上,"法治还指追求一种包括富裕、民主、文明和安全的理想社会模式和秩序",是一种社会理想。由此可见,法治的概念是丰富而又生动的,同时也将在不同语境下发挥不同的作用。

二、新形势下大学生应具备的法治素养

(一)坚定的社会主义法治理念

党的十七大、十八大都明确提出"树立社会主义法治理念",十八届四中全会的决定进一步明确了全面推进依法治国的"建设中国特色社会主义法治体系,建设社会主义法治国家"总目标,党的十九大进一步明确了"坚持依法治国"的基本原则,丰富和深化了社会主义法治理念。当代大学生应当明确的社会主义法治理念,包含六个方面的基本内容:一是明确坚持"党的领导是中国特色社会主义最本质的特征,是社会主

义法治最根本的保证"的基本理念。二是明确"坚持走中国特色社会主义法治道路,建设中国特色社会主义法治体系"是社会主义法治建设的基本目标和战略内容。三是明确"坚决维护宪法法律权威,树立宪法法律至上"是全面依法治国的重要前提。四是明确坚持"人民是依法治国的主体和力量源泉,坚持依法维护人民权益"是全面依法治国的重大使命。五是明确"公平正义"是中国特色社会主义的内在要求。六是明确"五个坚持"是确保实现"法治中国建设的根本保证",这五个坚持是"坚持以中国特色社会主义道路、理论体系、制度为根本遵循,全面推进依法治国;坚持从我国基本国情出发,推进国家各项工作法治化;坚持依法治国、依法执政、依法行政共同推进;坚持法治国家、法治政府、法治社会一体建设;坚持依法维护国家安全稳定"。

(二)完善的社会主义法治知识

法治知识概念比法律知识概念的内涵更深刻、外延更广泛。因此,要培育和养成新形势下大学生核心法治素养,就要对大学生进行普法和法治宣传教育,使大学生的法律知识不断更新,还要扩展其法治知识储备、丰富其法治知识结构。一要认识和掌握中国特色社会主义法治的本质特征、理论体系、发展规律和实践经验。二要了解和掌握社会主义法治建设中的宪法法律等方面的基本知识。三要熟悉和掌握大学生应当遵循的有关教育方面的基本知识,特别是与自身专业和未来职业实践需要相关的法律知识,要把有关的法治知识与思想道德和科学文化知识有机融合,内化为专业能力与职业素养,以适应未来法治建设的实际需要。

(三)健全的法治意识

对新形势下的大学生而言,健全法治意识的基本要求是:一要增强尊崇宪法、尊崇法律的法治意识,树立宪法至上的法治观念。二要增强规则意识,明确守法守规是每一个法治国家中公民的基本意识,坚持依法办事,在学习、工作和生活中,当代大学生应当做到懂规矩、守规则、依规范,坚守规则红线、明确法律底线。三要增强程序意识,明确"程序是法律的生命",学会依靠程序办事,遵循程序要求,形成程序观念。四要增强平等意识,自觉维护和遵循"法律面前人人平等""法律之上没有特权",坚持公平正义。五要增强权利意识,依法维权、护权,尊重和保障他人的权利,自觉维护自身的权利,以法律为武器自觉与任何侵权和不法行为做斗争。

(四)严谨的法治思维

法治思维是现代国家治理应当确立的基本思维模式。大学生是新历史时期国家建设的中坚力量,学会和运用法治思维是当代大学生必须具备的思维能力。法治思维模式,就是运用法律的思维,是依靠法治本身固有的运行特性和对法治的信念来认识事物、判断是非、解决问题的思维方式。法治思维与道德思维、政治思维、经济思维、行政思维等思维模式的本质区别是,在治国理政、社会治理和行为方式上,它更侧重于对法律规则和法律手段的运用和重视,强调法律的权威、依法行动和依法办事。大学生树立法治思维,就是要树立权力服从于法律的权力思维、理性平等的权利思维、依法办事程序思维、自觉主动的法律责任思维,提高对法治的践行能力和运用能力。

(五)自觉维护社会主义法治文化

社会主义核心价值观的核心要义之一就是法治,而社会主义法治的精神要义之一,就是要在树立法律权威的基础上,形成人们对法治的内在需求和内心拥护,使法治成为人们的精神认同与行动遵循,这也是对大学生践行社会主义核心价值观的基本要求。大学生要做弘扬社会主义法治精神和信仰法治的表率,要带头树立起崇高的法治信仰、坚定的法治信念、饱满的法治信心、良好的法治风范,成为在未来社会主义法治建设中良好的依法执政、依法行事、依法办事的重要组织者、推动者和实践者,成为社会主义法治的忠实崇尚者、自觉遵守者和坚定捍卫者。

总之,当代大学生要培养法治素养,就要不断加强法治知识的学习,包括关于法治和法律规定方面的知识和法治原理方面的知识。除了在大学课堂获得相应的法治知识之外,收听收看法治方面的广播电视节目、阅读法律类的报纸杂志等都是较好的获取法治知识的途径。并通过加强法治方法的训练,养成用法治思维和法治方式来处理日常生活中各种问题的习惯,养成遵循法律要求、依据法律规定、按照法律程序办事的行为习惯,牢固树立规则意识和责任观念,并在日常的专业学习中加强法治知识和思维方法的运用,使自身所学的专业知识和法治知识结合起来,为培养适应新形势下发展所需要的综合素养奠定基础,全面提升自身的综合素养和能力。

第二章 大学生受教育中应具备的 法学常识

第一节 高校学生的管理制度

一、高校学生管理规定概念

教育部颁发的一系列规章和各个高校自行制定的各种规章制度为我国普通高等学校学生的有关管理规定提供了依据。各个高校自行制定的各种规章制度,简称校规,是对法律规范的一种补充或完善,是一种自治规则和内部管理规范,具有预先设定性、一定的权威性和强制性。但校规必须以合法为前提,高校所制定的校规必须明确、清晰,不得与法律、法规相抵触,不得违背法律、法规的原则和精神。如要制定更高的标准,应有相应的权利救济。

《普通高等学校学生管理规定》《高等学校学生行为准则》《普通高等学校学生安全教育及管理暂行规定》《高等学校校园秩序管理若干规定》等是教育部颁发的有关规章。其中,一些规定如《高等学校招生全国统一考试管理处罚暂行规定》等与在校大学生存在直接关系。这些规章和制度是高校教学秩序正常运行的有效保障,也是对大学生权利保护以及行为约束的有力措施,每个大学生都应熟悉这些规章和制度并自觉遵守。

二、高校学生管理的内容

根据教育行政规章和校规,普通高等学校学生的有关管理规定主要包括四方面,即学籍管理、校园秩序管理、奖励与处分制度等。

(一)学籍管理

学籍是国家及有关部门承认普通高等学校在校大学生身份的法律凭证。学籍是具备在校大学生的权利和义务的保证,可以保证其考核成绩的有效性,只有取得并一直持有学籍的学生,才有可能在完成学业之后取得国家承认的学历证书。因此,每个大学生都应该十分重视自己的学籍管理情况。

1.学籍的取得及保持程序

学籍在新生到校办理入学手续后取得。新生入学后,学校在3个月内按照招生规定对其进行复查,复查合格者予以注册,即取得学籍。之后当每学期开学时,学生必须按时到校办理入学手续,即报到注册;不能如期注册者,应当履行暂缓注册手续。因此,每个学生在假期结束返校后首先要进行报到注册。

2.学籍的维持及丧失

学生在规定的学习年限中,学业成绩合格并遵纪守法,使学籍能够一直保持到毕业,即为学籍的维持。换言之,学生倘若学业成绩达不到规定的要求,或者严重违反了学校的规章制度,就会被学校取消学籍。2016年新修订的《普通高等学校学生管理规定》第三十条规定对应予退学的情况做出了规定,共包括六种情况,分别是:①学业成绩未达到学校要求或者在学校规定的学习年限内未完成学业的;②休学、保留学籍期满,在学校规定期限内未提出复学申请或者申请复学经复查不合格的;③根据学校指定医院诊断,患有疾病或者意外伤残不能继续在校学习的;④未经批准连续两周未参加学校规定的教学活动的;⑤超过学校规定期限未注册而又未履行暂缓注册手续的;⑥学校规定的不能完成学业、应予退学的其他情形。该规定还对学生让人替考、替他人考试、作弊行为严重等七种情形进行了规定,学校可以对其进行开除学籍的处分。从学校宣布开除学籍之日起,学生丧失学籍①。

3.学籍的正常结束

学籍的正常结束是指在学生具有学籍的基础上,德育、体育合格,教学计划规定的全部课程在规定时间内修完,或提前修完,考核合格或修满规定的学分,准予毕业,发给毕业证书,如果是本科生,符合条件后,学校按照国家学位条例的规定授予其学士学位证书。

新的《普通高等学校学生管理规定》与原有的规定不同,在落实学籍管理权方面实行了"六个取消":取消对学生转专业的程序和时间要求;取消对具体校务管理的要求;取消对学生学习活动统一时间的限制;取消国家对考试、补考、成绩评

①李华,赵建.普通高等学校学生管理规定 条文精义与案例解析[M].北京:经济管理出版社,2017.

定方式以及因学业成绩留级、降级、重修、退学的不及格课程门数方面的规定;取消学生在校最长学习时限的规定;取消"公共体育课不及格不准毕业,作结业处理"的规定。学校可根据自身的实际情况针对这些方面具体地做出规定。在学籍管理方面还授权于校,切实落实学校的办学自主权,为学校尊重学生个性差异奠定了科学的基础。

(二)校园秩序管理

学校是教书育人的场所,为保证学生能够在好的环境中学习,良好的校园秩序是非常重要的。维护校园内正常的教学、科研、生活秩序,不断优化育人环境,必须加强学校校园管理。自觉遵守校园管理规定,是高等学校每一个师生员工的责任。

1.进出校门的规定

凡是进出学校的人员必须出示相关的有效证件,包括学生证、工作证、听课证或者学校颁发的其他进入学校的有效证件或凭证。如果不能出示相关证件,必须经过登记或经学校同意之后方能进入学校。

2.学生宿舍的管理规定

通常情况下,学生不得留宿校外人员,如有特殊情况留宿校外人员时,在得到学校相关部门的许可后,进行登记方可留宿,当留宿人离校时,还应注销登记。学生不得在宿舍内留宿异性。

3.张贴、散发文字性物品的规定

在校园内张贴告示、通知、启示、广告等时,需在学校指定或许可的地点进行。散发宣传品、印刷品时应当经过学校有关部门的同意。不得张贴、散发反对我国宪法确立的根本制度、损害国家利益或者侮辱诽谤他人的公开张贴物、宣传品和印刷品,否则将由司法机关依法追究其法律责任。

4.举行集会演讲、组建社团等公共活动的规定

高等学校的社团等公共活动很多,当在校内举行集会、讲演等公共活动时,组织者需提前三天向学校有关部门提出申请,并在申请中说明活动的详细情况,经学校许可之后方可进行。集会、演讲等应符合我国的教育方针和相应的法律、法规,不得违反我国宪法确立的根本制度,不得干扰学校的教学、科研和生活秩序,不得损害国家财产和其他公民的权利。师生员工应当按照《社会团体登记管理条例》的规定组织成立社会团体。任何组织和个人不得在学校进行宗教活动。

5.有关校内治安管理的规定

在校园内严禁打架斗殴、赌博、吸毒,传播、复制、贩卖非法书刊和音像制品等违反治安管理规定的行为。在使用计算机网络时,学生需在国家和学校关于网络使用的规定范围内进行,不得登陆非法网站、传播有害信息,大学生不得参与非法传销和进行邪教、封建迷信活动以及其他有损大学生形象和社会公德的活动。

(三)奖励与处分制度

为激励学生去争取更大的成绩,可以对品学兼优的学生进行奖励;而对于犯有错误的学生进行惩处和教育等处分,有助于学生认识错误,改过自新。《普通高等学校学生管理规定》较为明确地规定了对学生的奖励与处分情况。

1.奖励制度

对在思想品德、学业成绩、锻炼身体、课外活动等方面表现突出的学生,可分别授予"三好学生"称号或其他单项荣誉称号。奖励方法包括精神鼓励和物质鼓励,其中以精神鼓励为主。表扬方式有口头表扬或通报表扬,奖励有发给奖状、证书、奖品或奖学金等。

2.处分制度

对学生进行处分时,学校可根据学生所犯错误情节的轻重给予批评教育或纪律处分。纪律处分的形式有五种,按其严重程度分别为警告、严重警告、记过、留校察看、开除学籍。其中,开除学籍是最严厉的处分。《普通高等学校学生管理规定》第五十二条对学校可给予开除学籍处分的情形进行了明确的说明,包括八种情况:①违反宪法,反对四项基本原则、破坏安定团结、扰乱社会秩序的;②触犯国家法律,构成刑事犯罪的;③受到治安管理处罚,情节严重、性质恶劣的;④代替他人或者让他人代替自己参加考试、组织作弊、使用通信设备或其他器材作弊、向他人出售考试试题或答案牟取利益以及其他严重作弊或扰乱考试秩序行为的;⑤学位论文、公开发表的研究成果存在抄袭、篡改、伪造等学术不端行为,情节严重的,或者代写论文、买卖论文的;⑥违反本规定和学校规定,严重影响学校教育教学秩序、生活秩序以及公共场所管理秩序的;⑦侵害其他个人、组织合法权益,造成严重后果的;⑧屡次违反学校规定受到纪律处分,经教育不改的。

处分权是学校自主管理的需要,但学校也不能随意行使处分权,需要遵循比例原则和正当程序原则两个法治原则。学校在行使处分权时,应当充分考虑教书育人目的与管理手段之间的适度比例,不能因小过而重罚,罚与过不相当,责过失衡;应当注重保护受教育者的合法权益。同时,学校必须在遵循正当法律程序的前提下对学生进行处分,包括事先告知学生,向学生说明行为的根据和理由,听取学生的陈述、申辩,允许其要求听证;事后为学生提供相应的救济途径,以保证所做出的处分行为公开、公正、公平。

第二节　高校学生的权利和义务

　　大学生首先作为公民,既享有法定的普通公民的权利,也应当履行法定的普通公民的义务,并要为自己的一切行为承担完全的法律责任。大学生与普通公民相比又有特殊性,他们是正在接受高等教育的特殊群体,因此,其还享有特定的权利并需要履行相应的义务,这些特定的权利和义务在我国的宪法、教育法、高等教育法,特别是教育部的规章中均有较明确的规定。权利和义务一致的,按照这一原则,大学生的合法权益受法律保护,与此同时,大学生也必须依法履行相应的义务。每一个大学生都应当树立正确的权利和义务观,正确对待自己的权利和义务。

一、高校学生的权利

(一)平等接受教育和服务的权利

　　平等权是我国宪法赋予公民的一项基本人权,学生平等地享有受教育和服务的机会,不会因民族、种族、性别、年龄、职业、财产状况、宗教信仰等一些个别因素而发生转移。我国宪法、教育法中均做了授权性规定或禁止性规定。教育法还专门对几类弱势或特殊群体做了保护性规定,为包括女生、贫困生、残疾人在内的特殊群体提供了法律依据,保障了其平等的教育权的实现;高等教育法与《普通高等学校本、专科学生实行奖学金、贷款制度的办法》,则为贫困学生平等受教育权的实现提供了更加切实的保障。随着国家的奖、助、贷、补、减多元化资助框架的基本形成,社会化资助模式的完善,经济条件不好的学生受教育权会得到更好的实现①。

(二)依法参与学校民主管理的权利

高等教育法的总则部分规定了高等学校应当实行民主管理,《普通高等学校学生管理规定》第四十条进一步规定了学校应当建立和完善学生参与民主管理的组织形式,支持和保障学生依法参与学校民主管理。因此,各高校在制定学校章程时,应对学生参与学校民主管理的权利范围、组织机构、参与方式和保障措施等进行具体规定,为学生参与管理提供依据。高校应当通过学代会、听证会、意见箱等形式广泛吸收学生对管理的意见和建议,并接受学生的监督。这一做法不仅方便了高校对学生的管理,同时也是高校对学生权益的一种保护。

(三)利用学习条件的权利

学生的基本权利包括学习条件利用权,每个学生均可参加

---

① 马林,吴开华. 教育法基础[M]. 北京:清华大学出版社,2012.

教育教学计划安排的各种活动,合理使用学校提供的教学资源。学校组织的各种教育教学活动,如授课、讲座、课堂讨论、实验、实习、见习、考试等,任何组织和个人均不得以任何借口非法剥夺。每个学生也都平等地享有学校提供的各种教育教学设备、设施、图书资料等教学资源的使用权。

（四）参加校园活动的权利

参加校园活动的权利是指学生参加社会服务、勤工助学,在校内组织、参加学生团体及文娱体育等活动的权利。我国高等教育法规定,高等学校的学生可以自行在本校范围内组织演讲协会、书法协会等学生社团组织,不需要向民政部门申请和登记。但高等学校的学生组织和学生团体也不能随意进行,需要在学校的领导和管理下,在法律、法规规定的范围内进行。

（五）申请奖学金、助学金、助学贷款的权利

奖学金是为了鼓励所有学生在校就读期间争取在学业上和思想上取得较大进步,由学校、国家、社会团体、企事业组织等为品学兼优的学生设立的。奖学金的数额不同,有大有小,如国家设立的优秀贫困生奖学金数额较大,也有的数额较小。奖学金有两种功能:一是在经济方面对学生进行鼓励。二是学生在校期间品学兼优表现的一种凭证。因此,学校在评定奖学金时应做到在评定条件面前人人平等,择优评选。助学贷款的设置主要是针对贫困学生,凡符合规定条件的贫困学生都可以申请助学贷款,学校也有义务帮助贫困生开展勤工俭学活动。

(六)获得公正评价的权利

这是指对学生的思想品德、学业成绩等方面进行公正的评价,完成学校规定学业后获得相应的学业证书、学位证书的权利。思想品德评价包括政治觉悟、道德品质、遵守纪律等的评价。学业成绩评价是学校对学生在受教育的某一阶段学习情况的概括,包括平时学习情况、课程考试成绩记录、成绩总评等。在对学生进行评价时,教师和学校要采取公正、客观的态度且评价标准要统一,做到一视同仁,不分亲疏。学生有权要求获得公正的评价,并对各种不公正的评价有通过正当途径要求予以更正的权利。学业证书包括毕业证书、结业证书和肄业证书,是学校对学生在整个学习阶段的学业成绩和品行的最终评定。学位证书是反映学生学术水平的评定证书。学校应根据国家的有关规定以及国家的学位条例在学生完成了规定的学业之后,为其颁发毕业证书和学位证书这两个证书。这两个证书对学生有着重要的意义,学生有权获得这两个证书。

(七)申诉、起诉的权利

当学生对学校给予的处分或处理有异议时,可以向学校或教育行政部门提出申诉,对学校、教职员工侵犯其人身权、财产权等合法权益,提出申诉或者依法提起诉讼的权利,即为申诉、起诉的权利。教育法第四十三条规定,大学生对行政处罚不满有申诉权。《普通高等学校学生管理规定》将申诉制度固定化、程序化,当学生违反了学校的规章制度,学校可以给予各种处分;倘若学生对学校所给予的处分不服,就可以向学校以及主管学校的省级教育行政管理部门提出申诉。当学校或教职员工侵犯了学生的人身权、财产权等合法权益时,学生可以在校内提出申诉,也可以依法向司法部门提起诉讼。

学校或教职员工对学生人身权、财产权的侵犯情况主要包括以下几方面:学校违反国家有关规定向学生乱收费;教师滥用权力侵犯学生的人身权,如体罚;学校在教育和管理过程中处理不当而侵犯了学生的名誉权;教师在招生过程中收取学生的贿赂;教师侵犯学生的著作权、发明权等知识产权。按照我国教育法的规定,学生对于学校和教师的这些违法行为,可以向教育行政管理部门或人民法院进行申诉或提起诉讼。

(八)法律、法规规定的其他权利

学生除了享有上述权利之外,还享有其他法律、法规所规定的各种权利。学生作为公民的一部分,同样享有法律、法规所规定的适用于一般公民的各种权利。

二、高校学生的义务

权利与义务的统一性要求大学生在享有法定权利的同时,也应履行一定的法定义务。按照我国教育法和高等教育法的规定,高等学校的学生必须履行以下义务:

(一)遵守宪法、法律、法规的义务

大学生必须严格遵守宪法、法律、法规对所有社会组织和公民规定的基本行为准则,不得例外。

(二)遵守学校管理制度的义务

学校的管理制度为学校教育教学活动的有序开展提供了基本保证。每个学生都应遵守学校的各项规章制度,包括学籍管理、体育管理、图书管理、卫生管理、校园秩序管理等各种规章制度。

(三)努力学习,完成规定学业的义务

学习是学生的天职,努力学习科学文化知识,完成规定的学业,把自己培养成为具有创新精神和实践能力的高级专门人才是学生最重要的任务。因此,学生应该有明确的学习目的、端正的学习态度,刻苦认真,勤于思考,积极参加教学与实践活动,完成规定的学分,以优异的成绩回报社会和家庭。

(四)按规定缴纳学费及有关费用的义务,履行按时归还助学贷款的义务

高等教育不在义务教育的范围内,学校可以并应当收取适量的学费。从1994年起我国高等教育逐步实行收费制度,到1997年所有高校统一实行收费制度。在这种制度下,高等学校的学生有义务按照国家规定缴纳学费,未按学校规定缴纳学费的不予注册。当然,学生所缴纳的学费只是维持学习所必需开销的一部分,国家还承担了相当大比例的部分。学校通过减免学费和实行国家助学贷款等方式对于家庭较为贫困的学生进行帮助,以解决他们的学费问题。获得助学贷款的学生,有义务及时地按照规定进行偿还。

(五)遵守学生行为规范,尊敬师长,养成良好的思想品德和行为习惯的义务

学生作为受教育者,首先应严格遵守《高等学校学生行为准则》,自觉按这一准则中的各种具体规定来约束自己的行为。其次,应尊敬师长。教师承担着教书育人的重任,他们是

辛勤的园丁,把自己全部的心血倾注于学生的成长过程之中,理应受到学生的尊重。最后,应该具有良好的思想品德和行为习惯。良好的思想品德和行为习惯对学生在未来的发展有重要作用,是学生未来的立足之本,也是作为一个社会成员的基本素养。

(六)法律、法规规定的其他义务

这是学生作为一个普通公民应尽的义务。

第三节 高校与学生间的法律关系

高等学校与学生之间关系复杂,存在着两种关系,即教育与被教育的关系和管理与被管理的关系,学校有管理学生的权力,学生也有服从学校管理的义务。对于高校管理与学生之间形成的法律关系,我国现行法律、法规对此尚未做出具体明确的规定。但法律学界提出过各种不同的主张,如"特别权力关系""外部行政法律关系""民事法律关系"和"教育契约关系"等。可见,高校与学生间的法律关系是一种既包括最基本的行政法律关系,在某些方面还存在着一定的民事法律关系的混合关系。

一、高校与学生的行政法律关系

在高校与学生的行政关系上,高校是法律、法规授权的行政主体,从客观上讲,与学生之间的行政法律关系存在一定的特殊性。我们应当吸收宪法注重人权保障的法治和宪政精神，来区分高校与学生间的外部行政法律关系和内部行政法律关系，既要使学生的合法权益得到保护，又要考虑到普通高校的教育管理工作，使教学顺利进行，求得二者的平衡。一方面为了实现高校的育人目的，承认其行使教育必需的自主管理权，但其与学生间的内部行政法律关系是必要的，即在合理的限度内，不改变学生仍然作为学生的身份与维系学校和学生关系继续存在的前提下，一般避免司法介入；另一方面，高校的自主管理权不得侵犯学生的宪法性权利，凡涉及学生受教育权问题以及涉及学生和学校关系产生、变更和消灭的学籍管理、纪律处分或由此连带涉及的学历和学位证书发放等决定，应当认定为行政处理，适用法律保留原则和司法救济。

(一)学籍管理

学籍管理中的入学注册设定了学生和高校的法律关系，变更学生与普通高校已有法律关系的内容包括成绩考核、升级、留级、降级、休学、停学、复学等，退学则消灭了学生与学校已有的法律关系。而学籍管理的方式主要是制度管理，即校方根据法律、法规的规定，通过建立一套规范、严密、科学的规章制度来规范每一位在校学生。制度管理有一定的权威性和不容置辩的特点，任何个体都必须对制度绝对服从。这样，学籍管理中，普通高校和学生就处于一种管理者和被管理者的不对等的外部行政法律关系中，高校的学籍管理行为应接受司法审查。

(二)学历证书的颁发和学位证书的授予

学历证书的颁发和学位证书的授予实际上是对以权能和资格为表现的学生法律地位的一种设定。根据《中华人民共和国学位条例》的规定,国家实行学位制度,学位由国务院授权的高等学校或科学研究机构授予。在我国,对于拥护中国共产党的领导,拥护社会主义制度并通过了相应的学科考试,达到相应要求与标准的学生,其所在普通高校应该按照相关法律的规定,颁发学历证书和授予学位证书,而没有自由裁量的余地,学生对该结果必须服从。如发现有舞弊作伪等严重违反本条例规定的情况,经学位评定委员会复议,学位授予单位可以撤销已经授予的学位。正因为如此,行政法学界一般认为高校颁发学历证书和授予学位证书的行为是行政确认,应为司法审查的对象①。

(三)档案管理

档案管理是普通高校对其已经做出的某一个行政行为的一种补充性行为,如在档案中进行成绩评定、奖励及纪律处分的记录,虽然不具有行政法律效果,但对普通高校学生具有较大的潜在影响,实际上体现了已做出的相关行政行为在法律上的约束力。基于这一分析,档案管理当属行政事实行为。在当前的形势下,行政事实行为被我国排除在司法审查之外,但依据行政法治原则,普通高校的档案管理行为应纳入司法审查的范围。

①法规出版分社.中华人民共和国学位条例[M].北京:法律出版社,2004.

（四）奖励和处罚

普通高校对学生在校情况的一种比较正式的评价包括奖励和处分。获得奖励是学生的一项法定权利，根据《普通高等学校本、专科学生实行奖学金制度的办法》的规定，国家和有关部门设立优秀学生奖学金、专业奖学金和定向奖学金。考虑到高校教学管理的特殊性，可把警告、严重警告和记过等处分视为高校内部行政行为，不构成司法审查的对象，而把影响学生法律地位的留校察看、开除学籍等处分视为行政处理，适用法律保留原则和司法救济。

（五）与教学、研究有关的专业知识的管理

普通高校内一些与教学、研究有关的专业知识的管理，有很强的专业技术性，而且与学生的法律地位也没有关系，如制订教学计划、课程安排、教科书的指定、教师授课等，都符合国家有关强制性标准的规定，所以高校可以自主决定，有自主决定权。与此相关的管理应视为普通高校的内部行政行为，司法一般不应介入。

二、高校与学生的民事法律关系

高校除与学生有一定的行政法律关系，在某些领域还存在着民事法律关系。普通高校和学生首先分别作为法人和公民而存在，他们作为平等的民事主体享有财产权、人身权、债权、知识产权等民事权利，并承担相应的义务。结合有关法律的规定和高校管理实践，高校与学生的管理关系主要有以下几种情况：

(一)公产管理

根据《教育法》第二十九条第七款、第四十三条第一款,《高等教育法》第三十八条的规定,普通高校的校园设施、教学设施、图书馆等是学生在校学习、生活期间所必须具备的物质条件,虽是学校的财产,学校有维护、管理的权利,学生也有使用权。如果学生破坏这些公产,学校可基于所有权而要求其赔偿。

(二)学生公寓租用

学生在校期间使用的学生公寓也属于学校的财产,但公寓与其他的学校教学设施又存在一定的不同,因此,学生在使用公寓方面又与使用其他的学校设施存在着一定的区别,主要有两方面的表现:一方面表现为学生在一定时期内对该公寓具有专有使用权,虽然可能仅是一张床位,学生也有使用权;另一方面表现在随着普通高校后勤社会化改革,学生公寓租用关系越来越带有等价利益交换性质。因此,把其界定为民法上的租用关系更符合实际。

(三)饮食服务

普通高校提供的饮食服务,遵循等价有偿的原则,不涉及行政权,不具有公益性。

(四)学生校园伤害赔偿

由于普通高校在管理或教学中出现的失误,对学生造成一定的伤害或损失,学校有赔偿的责任。如因财物管理不善、饮食服务瑕疵或在教学活动中发生的事故等致使学生人身、财产受到侵害,如房屋倒塌,因防火安全制度不健全而导致的火灾,因提供的教学设备、生活服务设施等不符合国家有关标准而导致学生伤亡等,在这样的情况下,学校应负民事侵权之赔偿责任。

总之,高校在管理大学生的过程中既存在行政法律关系,也包括民事、契约关系。我国《高等教育法》第三十条规定:"高等学校自批准之日起取得法人资格。高等学校的校长为高等学校的法定代表人。"从其依法治校和对学生的管理方面考虑,具有行政主体地位;当其以独立法人的身份从事各种民事活动时,则具有民事主体资格。在我国的司法实践中,高校往往被作为法律法规授权的组织来对待。根据教育法律法规授权,高校是具有行政主体资格的组织,行使特定的行政权力或公共管理权力。因此,高校作为一个特殊行政公务主体对学生做出的涉及主要包括教育权在内的宪法基本权利的处分行为,如开除学籍、拒绝颁发相应的学业证书、学位证书等以及其他一些严重影响学生的基本权利的行为,均应该纳入行政行为的范畴。学生可以诉诸各种行之有效的解决机制获得包括接受司法审查在内的救济,而涉及学生的非"重要性"权利如警告、通报批评、记过等的处分行为时,不需要通过司法途径来解决,通过校内申诉的途径就可获得救济。在民事契约关系方面,高校作为一个独立的法人主体,其以民事主体身份参加民事活动产生的民事纠纷,应通过现行的民法通则等民事法律法规调整,通过民事救济途径来解决。

第四节　国家助学贷款制度

由于高等学校实行收费制度,使得家庭困难的学生无法缴纳学费,从而影响其接受更好的教育。针对这一情况,国家实行了助学贷款制度,以帮助高等学校中在经济上存在困难的学生解决学费问题。国家助学贷款是由政府主导、财政贴息,银行、教育行政部门与高校共同操作的专门帮助高校贫困家庭学生的银行贷款。借款学生无须办理贷款担保或抵押,但必须做到按期还款,并承担相关法律责任。借款学生通过学校向银行申请贷款,帮助其解决在校期间生活、学习费用的困难,如弥补学费、住宿费和生活费的不足,毕业后分期偿还。国家助学贷款是一种信誉贷款,贷款期限比较长,大学学习期间的贷款利息全部由政府支付。金融机构有义务执行国家的政策法规,不履行职责者将受到相应的处罚。目前我国开办此项业务的银行很多,如中国工商银行、中国农业银行、中国银行、中国建设银行等多家银行。

一、国家助学贷款的对象、条件和金额

国家助学贷款政策的出台是为了帮助经济确实存在困难的学生,因此,高等学校中有家庭经济困难的全日制本、专科学生以及研究生都是国家助学贷款的帮助对象。学生在申请贷款时需要满足下述条件:①具有完全的民事行为能力,如果是未成年人,须经其法定监护人书面同意;②诚实守信、遵纪守法,无违法违纪

行为;③学习成绩较好,能够正常完成学业;④在校期间所获得的收入不足以支付完成学业所需的基本费用(包括学费、基本生活费);⑤严格遵守国家、经办银行以及国家助学贷款的各项规定,承诺正确使用所贷款项并按规定履行还贷义务;⑥符合中国人民银行公布的贷款通则规定的其他条件①。

在贷款的金额方面,不同类型的贷款有不同的标准:学费的贷款金额最高不超过借款学生所在学校的学费收取标准,生活费的贷款金额最高不超过学校所在地区的基本生活费标准。由于各学校学费收取标准和各地区基本生活费标准不同,学生贷款的最高数额也不完全相同。学生通常情况下通过申请国家助学贷款,每年可得到的贷款金额在6000元左右。

二、国家助学贷款的期限、利率和贴息

一般情况下,国家助学贷款的期限不超过10年,如需延期需要贷款人与借款人共同商定。贷款学生本科毕业后继续攻读研究生及第二学位的,在读期间贷款期限相应延长,贷款本息在研究生及第二学位毕业后6年内还清。学生每笔贷款的期限,需由经办银行依据学生的申请,具体确定。在国家助学贷款的利率方面,严格按照中国人民银行规定的同期贷款利率执行不上浮。国家的财政部门还对接受国家助学贷款的学生给予还款利息补贴,以减轻学生的还贷负担,更好地体现国家对经济困难学生的优惠政策。学生所贷款项利息实行借款学生在校期间的贷款利息全部由财政补贴,毕业后全部自付的办法,借款学生毕业后开始计付利息。学生如果毕业后没

---

①华坚.大学生入学教育[M].苏州:苏州大学出版社,2015.

有找到工作,可以在毕业以后一到两年内开始还款,最长的还款期限延长到6年。

三、国家助学贷款的申请程序

银行不直接受理在校学生的贷款申请。原则上,每年贷款银行对学生申请的国家助学贷款会进行一次集中受理,借款学生须在新学年开学前后10天内凭本人有效证件向学校的有关部门提出贷款申请,一般学校的指定部门为学生处,领取并如实填写相关材料,包括国家助学贷款申请表、申请国家助学贷款承诺书等。国家助学贷款的担保有四种形式,包括保证担保、抵押担保、质押担保和信用助学贷款。

四、国家助学贷款的审批程序

由各学校负责管理本校国家助学贷款工作的相关部门,统一对申请贷款的学生进行初审。

学校按期向学生贷款管理中心报送全校年度贷款申请报告。全国学生贷款管理中心设在教育部,负责中央部委所属高校的国家助学贷款事务管理工作;各省、自治区、直辖市学生贷款管理中心设在各省、自治区、直辖市教育行政部门,负责本地区所属高校的国家助学贷款事务管理工作。

根据学生贷款管理中心核准贷款申请额度,报送经办银行。

经办银行对借款学生的申请资料进行调查核实,以保证其申请资料的完整性、真实性及贷款担保的合法性和有效性,然后将符合发放贷款标准的学生名单及金额通知借款学生所在学校,由学校统一组织借款学生办理填写借款合同文本、借款凭证等有关手续。

经办银行收到借款学生办理的借款手续并经审查无误后，根据贷款审批程序予以审批，审批后编制放款通知书，通知借款学生所在学校。

五、国家助学贷款的发放和还款方式

国家助学贷款实行一次申请、一次授信、分期发放的方式，也就是学生与银行的多个学年的贷款合同可以一次性的签订，但银行要分年发放。银行应将学生一个学年内的学费、住宿费贷款一次性地发放给学生；银行或学校以10个月为标准逐月向学生发放一个学年内的生活费贷款。

借款学生和经办银行应在签订借款合同时约定还款方式和还款时间。采取灵活的还本付息方式，可提前还贷，也可利随本清或按年、按季或按月实行分次偿还，具体方式由贷款人和借款人商定并写入合同。还款时间最迟在毕业后第一年开始，学生所借贷款本息应当在毕业后6年内还清。在毕业前，借款学生必须与经办银行重新确认或变更借款合同，并根据贷款银行的要求重新办理相应的担保手续，以保证国家助学贷款的回收。如借款学生不办理确认手续，学校暂缓为其办理毕业手续。借款学生应在约定的还款日期前，将贷款本金和利息存入原开设的活期储蓄账户内，贷款银行在约定的还款日主动从账户中扣收。如借款学生未按合同约定偿还贷款本息，贷款银行将向借款学生发出催款通知书，依法追究违约责任，并计收罚息。如果毕业生逾期还未还清国家助学贷款本息，可通过其接收单位或工作单位协助经办银行催收贷款且其接收单位或工作单位也有义务如此处理，当其工作要发

生变动时,可提前告知经办银行;经办银行有权向其现工作单位和原工作单位追索所欠贷款。

六、国家助学贷款的还款约束

国家为高校学生通过助学贷款提供帮助,这一优惠是国家赋予学生的权利,但借款学生也应受到更严格的还款约束。如果借款学生没有按照协议的约定归还国家助学贷款,经办银行应对违约贷款金额计收罚息,并将其违约行为载入金融机构征信系统,金融机构不再为其办理新的贷款和其他授信业务,如留学、创业、购车、购房、信用卡等。国家助学贷款管理中心也会对其行为进行公布,将其名单在新闻媒体及全国高等学校毕业生学历查询系统网站公布。

学校也会对学生的还款行为进行约束,通过建立学生信用档案,督促借款学生及时归还贷款本息。在借款学生毕业办理毕业手续时,学校有关部门应在组织学生与经办银行办理还款确认手续,得到确认后方可为其办理毕业手续,并将其贷款情况载入学生个人档案。学校将配合经办银行催收贷款,负责在一年内向经办银行提供借款学生第一次就业的有效联系地址;学生没有就业的,提供其家庭的有效联系地址。

国家助学贷款是国家利用金融手段完善我国普通高校资助政策体系,加大对普通高校贫困家庭学生资助力度所采取的一项重大措施,表现了国家对经济困难学生的殷切关怀。每一个符合条件的学生都有机会申请,国家给予学生帮助,学生也一定要遵守信用,在受到国家贷款的资助后及时按协议要求还贷,不断强化还贷意识。

第三章 大学生民事活动中应具备的法学常识

第一节 民事主体制度

民事主体是参与民事法律关系,享有民事权利和承担民事义务的人。民事主体包含的内容很多,民法通则将民事法律关系的主体概括为两大类,即自然人和法人,同时也列举了其他一些以组织形态生存的主体,如合伙企业等。

一、自然人

依自然规律出生之人,即所谓的自然人。自然人要成为民事主体,从事民事活动,享有民事权利和承担民事义务,必须具有民事权利能力和民事行为能力。

(一)自然人的民事权利能力

法律赋予自然人享有民事权利,承担民事义务的资格,就是所谓的民事权利能力,也指法律上的人格和主体资格。《民法通则》第九条规定:"公民从出生时起到死亡时止,具有民事权利能力,依法享有民事权利,承担民事义务。"因此,自然人的民事权利能力终生享有,包括从出生到死亡的整个过程①。

胎儿与母体完全分离并能独立呼吸就代表了自然人的出生。尚未出生的胎儿不具备民事权利能力,但可以享有某些法益。如我国继承法为照顾已在孕育中而未出生的胎儿将来的利益,规定在遗产分割时应当保留胎儿的继承份额。

自然人的死亡分为两种,即生理的自然死亡和法律宣告死亡。自然人的权利能力随死亡而告终。法律对死去的人的某些人身性质的权利,如著作权等,于主体死亡后的一定时期内仍加以保护。

(二)自然人的民事行为能力

自然人通过自己的行为取得民事权利和承担民事义务的能力或资格,即自然人的民事行为能力。一般来说,民事行为能力包括两个内容:能以自己的行为独立地行使民事权利和履行民事义务的能力;对自己的违法行为承担民事责任的能力。

每个自然人的行为能力是不同的,根据自然人的年龄和智力情况,《民法通则》将自然人的民事行为能力分为完全民事行为能力人、限制民事行为能力人和无民事行为能力人三类。

1.完全民事行为能力人

自然人具有的完全独立地通过自身的行为取得民事权利和承担民事义务的资格,即为完全行为能力。《民法通则》规定完全民事行为能力人是指18周岁以上并且精神健康的公民。此外,16周岁以上不满18周岁的公民,以自己的劳动收入作为

---

①贾金玲.大学生思想道德教育与法律基础[M].成都:电子科技大学出版社,2011.

生活的主要来源的,视为完全民事行为能力人。

2.限制民事行为能力人

自然人具有的可以通过自身的行为取得部分民事权利和承担部分民事义务的资格,即为限制民事行为能力。《民法通则》规定限制民事行为能力人为10周岁以上18周岁以下的未成年人和不能完全辨认自己行为的精神病人,可以进行与自己的年龄、智力状况和精神健康状况相适应的民事活动,其他民事活动由其法定代理人代理,或者在征得其法定代理人的同意后进行。

3.无民事行为能力人

自然人不具有以自身的行为取得民事权利和承担民事义务的资格,即为无民事行为能力。民法通则规定不满10周岁的未成年人和不能辨认自己行为的精神病人为无民事行为能力人,由他们的法定代理人代理民事活动。

二、法人

(一)法人的概念和成立条件

具有民事权利能力和民事行为能力,依法独立享有民事权利和承担民事义务的组织,即为法人。法人有如下特征:①依法成立。②有必要的财产或经费。必要的财产或经费是法人参加民事活动的前提。学校作为事业单位法人,必须有自己的经费,或由国家拨付,或由社会捐助。③有自己的名称、组织机构和场所。法人的名称是法人与其他法人相区别的重要特点。法人对自己的名称享有专用权。组织机构即法人的经营管理机构,是法人参加民事活动所必需的。法人要从事生产经营,就必须有自己的固定场所。④能独立承担民事责任。

在满足上述特点的基础上,再履行有关的设立程序就能成为法人。法人以其主要办事机构为住所。

(二)法人的民事权利能力和民事行为能力

1.法人的民事权利能力

依法享有民事权利和承担民事义务,成为民事主体的资格,即为法人的民事权利能力。法人不是真正的"人",其法律人格是一种高度抽象的结果。同时,法人的民事权利能力仅仅是法人参加民事活动,享有权利和承担义务的资格,与自然人所享有的民事权利能力不同。因此,与自然人相比,法人的民事权利能力有以下特点:①法人的民事权利能力从法人成立时开始,至法人消灭时终止。②法人的民事权利能力要受其目的和业务范围的限制。不同性质的法人,其民事权利能力的内容不同。如不同的企业有不同的业务经营范围,一个企业有权利参加的民事活动,另一个企业就有可能没有资格参加,由此也决定了企业相互之间在民事权利能力具体内容上也有区别。③民事权利能力的内容范围不同。在民事权利享有的具体范围上,通常情况下,法人可以享有自然人能够享有的财产权利。但法人则不能享有自然人基于其人格或者身份而享有的某些特定的民事权利,如生命健康权、肖像权、财产继承权等。而某些专属法人享有的民事权利(如国有财产的经营管理权等),自然人个人不能享有。

2.法人的民事行为能力

法人的民事行为能力是指法人能够以自己的行为取得民

事权利和承担民事义务,成为民事主体的资格。与自然人的民事行为能力相比,法人的民事行为能力有如下的特点:法人的民事行为能力享有的时间与其权利能力享有的时间一致,同时产生,同时消灭;法人的民事行为能力与其权利能力在范围上具有一致性。也就是说,法人的上述两种能力始于成立,终于解散;法人的行为能力由它的法人机关或法定代表人来体现。

(三)法人的分类

法人的分类标准很多,根据法人所从事的业务活动,我国民法通则将法人分为两类:企业法人与机关、事业单位和社会团体法人,后者又称非企业法人。我国的学校和其他教育机构属于后者中的事业单位法人,法定代表人一般为校长。

第二节　民事权利与民事责任

民事主体间的民事权利与民事义务构成了民事法律关系的内容。民事权利是民法重要的内容,因此,保护主体的民事权利是民事法律规范的主要作用。民事权利主要包括人身权、物权和债权。义务与权利是相互统一的,因此,民事义务是民法的另一个重要内容。

一、民事权利

(一)人身权

1.人身权的概念与特征

与人身紧密联系而又无直接财产内容的民事权利,即人身权。人身权是法律赋予民事主体的,与其主体不可分离也不可转让。人身权分为人格权和身份权两大类。人格权是指民事主体所固有的,为维护其独立人格所必备的权利。人格权主要包括生命健康权、身体权、姓名权、肖像权、名誉权、隐私权等。身份则是民事主体基于特定的身份而享有的权利,例如亲权、监护权以及知识产权中有关身份的权利。

人身权的法律特征包括:人身权是民事主体所固有的民事权利,人身权是没有直接的财产内容的民事权利,人身权虽无直接的财产内容却与财产权有着紧密的联系。

2.人身权的分类

(1)人格权。人格权又包含以下几类具体的权益:

生命健康权。生命健康权是生命权与健康权的总称,生命权是公民对生命享有不受非法侵害的权利,是公民得以成为"人"的最基本的人格权。健康权是公民对其健康享有不受非法侵害的权利,身体各项机能保持正常和健康的权利。生命权以保护生命安全为主要内容,禁止他人非法剥夺生命。当权利人的生命安全受到威胁时,权利人为保护自己的生命安全,可以采取措施排除危害,如正当防卫、紧急避险。当环境对生命构成危险时,权利人有权要求改变环境,消除危险。侵害生命权的违法行为主要有:杀人、伤人致死、交通事故、医疗事故致人死亡、高度危险作业致人死亡、产品质量问题致人死亡等。健康权的重要内容是公民保持自己健康的权利,公民为使自己的身心均处于良好的状态,有权利采取措施,如加强营养、体育锻炼、参加社会活动等。在身心状态不佳时,有请求治疗的权利。侵害健康权的违法行为主要有:殴打、各种肇事、食物药物中毒、污染环境的行为等。当公民的健康权受到他人侵犯时,公民有权阻止该行为,并要求其负法律责任。

身体权。公民具有维护其身体安全并使其不受侵犯的权利,即为身体权。身体权与生命健康权容易混淆,它们之间有区别也有联系,侵犯生命健康权则一定侵犯了身体权,生活中侵犯身体权却未危及生命健康的现象经常发生,例如,非法搜查他人身体、轻微殴打他人身体、侵扰、羞辱等行为。我国的《民法通则》在"人身权"一节中虽未明文规定身体权,但一些具体条文均涉及公民的身体不受侵害,所以身体权应是一种独立的人身权。

姓名权和名称权。公民享有决定、使用和改变其姓名的权利,即所谓的姓名权。姓名是公民的"符号",是其特定化的社会标志。通过姓名的不同,自然人可以进行相互标识和区别,能以自己的名义为法律行为。在内容上,姓名权包括姓名的决定权、变更权和使用权。干涉他人行使姓名权、盗用和侵犯他人姓名等,都是侵犯他人姓名权的行为。名称权是指法人、个体工商户、个人合伙的名称可以转让或许可使用。侵犯名称权的行为有干涉名称权,冒用和盗用他人名称等。

肖像权。公民对自己的肖像所享有的权利,即为公民的肖像权。在内容上,肖像权包括肖像的制作专有权、使用专有权和利益的维护权。未经许可以盈利为目的,制作或使用他人肖像;以侮辱人格为目的地制作或使用他人肖像等,这些均是侵害公民肖像权的主要行为。

名誉权。公民和法人对其名誉所享有的不受他人侵害的权利,即为名誉权。不同于其他人格权的是,名誉权是相对于所有的民事主体而言的。我国的《民法通则》保护公民和法人的名誉权,明确规定:"公民、法人享有名誉权,公民的人格尊严受到法律保护,禁止使用侮辱、诽谤等方式损害公民、法人的名誉。"通过暴力、语言、文字等方式贬低他人人格的行为就是侮辱。诽谤指捏造散布虚假事实,损害他人名誉,此外,新闻报道、评论严重失实也是侵害公民的名誉权。

隐私权。自然人享有的私人生活安宁与私人信息和活动,依法受到保护,不受他人侵扰、知悉、使用、披露和公开的权利,即为隐私权。侵犯隐私权的主要行为有:干涉、监视私人活动,非法调查窃取个人情报,擅自公布他人的隐私等。

自由权。政治自由权和民事自由权是一般意义上的自由权。政治自由权,它在我国宪法中有明确的规定,包括通常所说的言论、出版、结社、集会、游行、示威自由以及宗教信仰自由等;民事自由权,它主要是通过作为基本法律的民法予以具体规定,包括婚姻自由、契约自由、人身自由等,属于私法上的权利。

(2)身份权。身份权又包含以下几类具体的权益:

身份权是民事主体基于某种特定的身份而依法享有的一种民事权利。具体来说,身份权与民事主体一定的资格、地位或从事某种活动有密切的关系,它是为维护民事主体的特定身份所必需的人身权。身份权与人格权一起共同构成了人身权法律体系。身份权与人格权既有相同之处,又存在明显的区别。专属权、支配权且都不具有直接的财产性,是二者的相同之处。不同之处在于:①法律作用不同;②是否为民事主体固有的民事权利不同;③是否是民事主体的必备权利不同;④权利客体不同。亲权、亲属权、配偶权、监护权、荣誉权和财产继承权等,是身份权的主要内容。此外,身份权还包括知识产权中的身份权利,如发明权、发现权、专利权、著作权、商标权等。

亲权。父母对未成年子女的人身和财产的管教、保护的权利(也可以说义务),即为亲权。亲权是在拥有父母身份的基础上而获得的一种身份权,它伴随父母身份的产生而产生,也随父母身份的丧失而丧失;亲权的权利义务具有统一性;亲权具有专属性;亲权是为了保护未成年子女利益而设定的权利;亲权具有绝对性和支配性。

亲属权。民事主体因血缘、收养等关系产生的特定身份而享有的民事权利,即所谓的亲属权。亲属的范围不一,有广义和狭义之分,广义的亲属包括血亲、配偶和姻亲,狭义的亲属不包括配偶关系,仅指血亲和姻亲。

配偶权。配偶权是夫妻之间相互享有的身份权。

监护权。监护权是指公民取得监护人资格而依法享有的权利。

荣誉权。自然人、法人或其他团体获得、保持、利用荣誉并享有其所生利益的权利,即为荣誉权。在汉语中,荣誉是光荣的名誉的意思,即荣誉是一种正面的、积极的名誉。由此看来,荣誉与名誉既有共同之处,即都是社会对自然人、法人的一种评价;二者又存在区别,相对于名誉的与生俱来和无法取消的特点而言,荣誉不是与生俱有的,它的获得须符合特定的条件,也可以依照一定的程序予以取消。

(二)物权

1.物权的概念、特征和分类

在我国《物权法》中,物权是指权利人依法对特定的物享有直接支配和排他的权利,包括所有权、用益物权和担保物权。

物权的法律特征包括五方面:①物权是支配权。物权由权利人直接支配,物权人可以依自己的意志就标的物直接行使权利,无须他人的意思或义务人的行为的介入;②物权是绝对权。物权是一种绝对权,主要体现在物权的权利人是特定的,义务人是不特定的且义务内容是不作为,即只要不侵犯物权人行使权利就履行义务;③物权是财产权。物权是一种具有物质内容的、直接体现为财产利益的权利,财产利益包括对物的利用、物的归属和就物的价值设立的担保;④物权的客体是物;⑤物权具有排他性。

首先,物权的权利人可以对抗一切不特定的人,所以物权是一种对世权。其次,同一物上不许有内容不相容的物权并存,必须是"一物一权"。一个物上不可以有两个所有权,但可以同时有一个所有权和几个抵押权并存是最典型的现象。根据我国物权法的规定,物权分为所有权、用益物权、担保物权三类。

2.所有权

（1）所有权的含义。所有人依法可以对物进行占有、使用、收益和处分的权利，即所谓的所有权。我国的物权法对所有权的分类进行了规定，包括国家所有权、集体所有权、个人所有权和其他主体所有权这四种。所有权的绝对性、排他性和永久性在物权法中也有明确体现："所有权人对自己的不动产或者动产，依法享有占有、使用、收益和处分的权利。""所有权人有权在自己的不动产或者动产上设立用益物权和担保物权。用益物权人、担保物权人行使权利，不得损害所有权人的权益。"

（2）所有权的取得方式。原始取得和继受取得是所有权取得的两种方式。原始取得是民事主体根据法律规定首次取得所有权或不以原所有权人的权利和意志为根据取得物的所有权。原始取得的发生包括生产、孳息、没收、添附等。继受取得又称传来取得，是指民事主体根据原所有权人的意愿接受所有权转移而取得物的所有权。继受取得的方式包括买卖、赠予、继承等法律事实的发生。所有权转移的时间，是所有权继受取得中非常重要的一个问题，它关系到新所有权人诞生的时间，同时还表明标的物意外毁损灭失风险转移的时间。物权法规定，"不动产物权的设立、变更、转让和消灭，经依法登记，发生效力；未经登记，不发生效力。……动产物权的设立和转让，自交付时发生效力，但法律另有规定的除外。""船舶、航空器和机动车等物权的设立、变更、转让和消灭，未经登记，不得对抗善意第三人。"

（3）所有权取得的特别规定。其又包括以下两种规定：

善意取得制度。善意取得是指无处分权人将不动产或者动产转让给受让人，如果受让人取得该财产是出于善意，可以依据法律的规定取得该财产的所有权或其他物权，原所有人不得要求受让人返还。也可将善意取得概括为：如果第三人对前手交易的瑕疵不知情或者不应知情时，其对标的物的取得即不受原权利人的追夺。在物权法上，适用善意取得的包括动产所有权、不动产所有权，还有动产质权、留置权。善意取得需要符合一定的条件，我国物权法对此做出了明确规定：一是受让人受让该不动产或者动产时是善意的。二是以合理的价格转让。三是转让的不动产或者动产依照法律规定应当登记的已经登记，不需要登记的已经交付给受让人。善意取得制度建立的目的在于保护占有或登记的公信力，保护财产交易安全，维护商品交易的正常秩序，促进市场经济的有序发展。

遗失物拾得制度。对于该项制度，《民法通则》和《物权法》都有所规定，相较于《民法通则》，《物权法》在其基础上，对拾得人的权利与义务进行了更加详尽地说明。拾得人拾得遗失物，应当返还权利人。一方面，拾得人有及时通知权利人领取，或者送交公安等有关部门，妥善保管遗失物，返还遗失物及其孳息的义务；另一方面，拾得人也有遗失物必要费用请求权，要求权利人按承诺履行义务的权利和在权利人拒绝履行义务时依法行使的留置权。如果出现拾得人侵占遗失物的行为，拾得人则无权请求保管遗失物等支出的费用，也无权请求权利人按照承诺履行义务。此外，《物权法》第九章还规定：遗失物自发布招领公告之日起6个月内无人认领的，归国家所有;拾得漂流物、发现埋藏物或者隐藏物的,参照拾得遗失物的有关规定。《文物保护法》等法律另有规定的,依照其规定。《物权法》第一百零七条对遗失物被拾得人转让的行为也做出了规定,一旦发生此种情况,遗失人有权追回遗失物。该遗失物通过转让被他人占有的,遗失人有权向无处分权人请求损害赔偿,或者自知道或者应当知道受让人之日起两年内向受让人请求返还原物,但受让人通过拍卖或者向具有经营资格的经营者购得该遗失物的,遗失人请求返还原物时应当支付受让人所付的费用。遗失人向受让人支付所付费用后,有权向无处分权人追偿①。

(4)共有。共有是所有权的特殊状态。同一财产属于两个或两个以上的公民或法人所有的权利,即为共有。共有权分为按份共有和共同共有。按份共有,是指对共有财产按各自的份额分担义务和分享权利;共同共有,是指两个以上的所有人对全部共有财产平等地分担义务和分享权利。当按份共有人将自己的份额分出或转让时,不得损害其他共有人的利益,在同等条件下,其他共有人有优先购买的权利。

(5)相邻权。相邻权基于相邻关系而产生的一种权利。简言之,不动产的相邻各方因行使所有权或使用权而发生的权利义务关系,即为相邻权。在日常生活中经常出现因相邻权的使用产生矛盾的现象,如邻里之间因为盖房影响采光、日照的情况;因用水、排水、通行、铺设管线等利用相邻不动产的情况。为此,在处理相邻关系的原则上,《民法通则》和《物权法》均做出了明确规定:不动产的相邻权利人应当按照有利生

---

①杨志武,周立新. 大学生法律实务[M]. 北京:煤炭工业出版社,2012.

产、方便生活、团结互助、公平合理的原则,正确处理相邻关系,为相邻各方解决纠纷和获得救济提供法律依据。此外,对于一些特殊情况,物权法也做出了规定,如当"法律、法规没有规定时,可以按照当地习惯处理相邻关系"。不动产权利人应当尽量避免对相邻的不动产权利人造成损害;造成损害的,应当给予补偿。

3.用益物权

用益物权人对他人所有的不动产或者动产,依法享有占有、使用和收益的权利,即为用益物权。相对于财产所有权、担保物权而言,用益物权存在其独特性,主要表现在这四点:①是他物权、限制物权和有期限物权;②主要以不动产为标的;③其成立和实现以占有他人之物为前提;④用益物权为独立物权。根据我国物权法的规定,常见的用益物权包括土地承包经营权、建设用地使用权、宅基地使用权、地役权和自然资源使用权。

4.担保物权

(1)担保物权的概念。以担保债务的清偿为目的,以债务或者第三人的特定物或权利设定的他物权,即为担保物权。"担保物权人在债务人不履行到期债务或者发生当事人约定的实现担保物权的情形,依法享有就担保财产优先受偿的权利,但法律另有规定的除外。"

(2)担保物权的特征。从属性、变价性和优先性是担保物权的主要特征。从属性,担保物权以主债权的存在或者将来存在而存在,若主债权不存在,担保物权也不成立期待性,债务人如果履行了债务,担保物权就自动消灭。担保物权的履行与债务履行期的是否到来有直接关系,如果债务履行时间不到,担保物权不能实现,只有债务到期而债务人不能履行债务时,才能实现担保物权。变价性,债务人不能到期履行债务时,担保物权人有权请求拍卖、变卖担保财产或将担保财产折价抵偿。优先性,对于担保财产,一般情况下担保人有权优先受偿。

(三)债权

1.债的概念和法律特征

在民法意义上,债是指特定当事人之间的一种民事法律关系。在这种民事法律关系中,一方享有请求他方为一定行为或不为一定行为的权利,而他方负有为一定行为或不为一定行为的义务,享有权利的人称为债权人,承担义务的人为债务人。债权是债权人享有的权利,债务是债务人承担的义务。债权是一种"相对权",即债的关系的义务主体,也就是债务人,是特定的人。债权的实现建立在债务人积极履行债务的基础上,债的客体很广,既可以是物,也可以是行为或者权利。债的内容是债权人请求债务人履行一定的债务的积极行为。

债的特征包括:①债是特定当事人之间的民事法律关系。无论是债的权利主体还是义务主体都只能是特定的,也就是说,债权人只能向特定的债务人主张权利。②债是以特定行为(给付)为客体的民事法律关系。债作为一种特定人之间的法律关系,以当事人之间请求为特定行为内容,因而债是以请求权为特征的一种法律关系。③债是以请求债务人给付为内容的民事法律关系。在债的关系中,债权人有权请求债务人为给付,无权支配债务人的人身、行为,因而债以请求债务人给付为内容;④债是能够用货币衡量评价的财产法律关系。债是财产法律关系在于可通过货币来衡量评价债的关系所包含的债权、债务。这一特征把债与人身权区别开来,后者不可用货币衡量评价。

2.债的发生原因

债的发生意味着新的法律关系的产生,所以债的产生须依据一定的法律事实。债的发生原因,又称债的发生根据,是指引起债产生的法律事实。债的发生原因主要有以下几种:

(1)合同。合同是产生债最常见、最重要的原因。

(2)缔约上的过失。这是指当事人在缔约过程中具有过失,从而导致合同不成立、无效、被撤销或不被追认,使他方当事人受到损害的情况,由此产生了缔约上的过失责任。如果该过失责任成立,过错的一方负有向受害的一方赔偿的义务,受害一方有权要求过失方进行赔偿,由此债的关系形成。

(3)单方法律行为。其又称单务约束,是指表意人向相对人做出的为自己设定某种义务,使相对人取得某种权利的意思表示。依当事人意思自治原则,当事人可基于某种物质或精神上的需要,为自己设定单方义务,同时放弃对于相对人给付对价的请求,由此便可产生债的关系。遗赠、设定幸运奖,均为单方允诺的例证。

(4)侵权行为。侵权行为是指行为人不法侵害他人的财产权利或人身权利的行为。一旦发生侵权行为,也能在特定的当事人间产生权利义务关系,即受害人有要求加害人赔偿损失的权利,加害人有应受害人要求赔偿损失的义务。侵权行为之债的内容是法律所直接规定的。加害人为多数时,各加害人对受害人负连带赔偿责任。

(5)不当得利。没有法律或合同上的根据,基于造成他人损害而取得的利益为不当得利。依法律规定,由于该利益的取得不具备合法的依据且使他人受到了损失,在此基础上,利益的享有人和受害人之间便形成了债权债务关系。取得不当利益的一方当事人应将其所取得的利益返还给受损失的一方,受损失一方当事人有权请求取得利益的一方返还其不当得到的利益。例如,应将拾得的遗失物返还失主,退还售货员多找回的零钱等。不当得利制度的设立目的,在于使当事人之间的利益恢复平衡,达到公平、正义的标准。

(6)无因管理。无因管理是指没有法律上或合同上的义务,也未受委托,为避免他人利益遭受损失,自愿为他人管理事务或财物的行为。在无因管理发生后,管理人和受益人之间产生债的法律关系,管理人是债权人,受益人是债务人,他负有向管理人偿还该项管理费用的义务。无因管理制度的基本功能是鼓励互助行为,为他人利益而管理他人事物的行为,其有利于社会主义道德风尚的弘扬。如自愿看管他人丢失的牲畜,照看生病的邻居等。

(7)其他原因。除以上原因外,其他的法律事实同样也导致债的发生。例如,拾得遗失物会在拾得人与遗失物的所有人之间产生债权债务关系;因防止、制止他人合法权益受侵害而实施救助行为,会在因实施行为受损害的受损人与受益人间产生债权债务关系;因遗赠会在受赠人与遗嘱执行人间产生债权债务关系。

3.债的担保

债的担保是督促债务人履行债务,保障债权得以实现的法律措施。在内容上,债的担保主要概括为三方面:①人保,即人的担保,也称保证;②物保,即物的担保,是指以债务人或其他人的特定财产作为抵偿债务的标的,在债务人不履行债务时,债权人可以将该财产换价,并从中优先受清偿。其方式主要有抵押、质押、留置;③金钱的担保,是指在债务以外交付一定数额的金钱,该金钱的得失与债务是否履行联系在一起,从而促使当事人积极履行债务,保障债权实现的制度。定金是金钱的担保的主要方式。在法律上,对各种不同形式的担保有相应的明确规定。

(1)保证。保证是指保证人和债权人约定,当债务人不履行债务时,保证人按照约定履行债务,承担责任的行为。保证合同是一种担保合同,它从属于主合同,它的凭证必须是书面约定。国家机关、学校、医院等不得为保证人。

(2)抵押。债务人或第三人不转移对财产的占有,将财产作为债权的担保,即称抵押。当债务人不履行债务时,债权人有权依法以该财产折价或者以拍卖、变卖该财产的价款优先受偿。抵押人是提供财产的一方,接受抵押财产的一方则称为抵押权人。

在可用来抵押的财产的范围方面,我国《担保法》第三十四条有明确的规定,具体包括:①抵押人所有的房屋和其他地上定着物;②抵押人所有的机器、交通运输工具和其他财产;③抵押人依法有权处分的国有土地使用权、房屋和其他地上定着物;④抵押人依法有权处分的国有机器、交通运输工具和其他财产;⑤抵押人依法承包并经发包方同意抵押的荒山、荒丘、荒滩等荒地的土地使用权;⑥依法可以抵押的其他财产。

其中存在的特殊情况需特别注意,如有些财产不能用作国家助学贷款的担保抵押物,包括农村的房产、城市的公房、个人购买的不完全产权住房、用银行住房贷款购买的住房、产权有争议的房产与已被列为拆迁范围的房产,被依法查封、扣押、监管的或其他形式限制的房产等。

(3)质押。债务人或第三人将其动产或权利的凭证移交债权人占有,将该动产或者权利作为债权的担保,即称质押。债务人不履行债务时,债权人有权以该动产或权利折价或者以拍卖、变卖该动产或权利的价款优先受偿。

(4)留置。由于合同的一方当事人不履行合同义务,另一方当事人将对方财产采取占有、扣留处置的措施,即称为留置。扣留期限届满,当事人仍不履行合同义务时,留置人有权依法变卖扣留的财产,并从价款中优先得到清偿。

(5)定金。定金是为确保合同履行方向对方支付的货币。给付定金的一方不履行合同的,无权请求返还定金;接受定金的一方不履行合同的,应当双倍返还定金。当事人约定返还定金的数额,但不得超过主合同标的额的20%。

4.债的消灭

债在客观上不复存在,即债的消灭。债因清偿而消灭、当事人双方债权债务的互相抵消而消灭、债因混同而消灭、债因解除而消灭、债因当事人的死亡而消灭等,都是债消失的主要原因。

二、民事责任

民事责任是指民事主体因侵犯他人的民事权利或者不履行自己的民事义务所应承担的民事法律后果。民事责任是民事权利义务实现的法律保障,民事权利得不到实现,便可追究义务人的民事责任,它具有强制性、财产性、补偿性等特征。

(一)确认民事责任的原则

1.过错责任原则

将行为人的过错视为归责的根据和最终要件,行为人主观上具有故意或过失才承担民事责任的原则,即为过错责任原则。也就是说,行为人存在主观上的过错的,都应当承担民事责任。民法通则第一百零六条关于"公民、法人由于过错侵害国家的、集体的财产,侵害他人财产、人身的,应当承担民事责任"的规定体现了过错责任原则。

2.无过错责任原则

只要行为人的行为与损害后果之间存在因果关系,就应承担民事责任的归责原则,即为无过错责任原则,这一原则与行为人主观上是否存在过失没有关系。

3.过错推定责任原则

只要受害人能够证明所受损害是加害人的行为或者物件所致,就推定加害人存在过错并应当承担民事责任的原则,即为过错推定原则。即使通过简单地证明自己没有过错,加害人也不能因此而免责,只有证明存在法定的抗辩事由,才能证明自己没有过错。

4.公平责任原则

当事人双方对损害的发生均无过错,法律又无特别规定适用无过错责任原则时,由法院根据公平观念,责令加害人对受害人的财产损害给予适当的补偿,由当事人合理地分担损失的一种归责原则,即为公平责任原则,公平责任原则也称衡平责任原则。例如,《民法通则》第一百三十二条规定:"当事人对造成损害都没有过错的,可以根据实际情况,由当事人分担民事责任。"

(二)免除民事责任的条件

虽然行为人没履行合同或者造成他人损害,但存在法律规定事由,便可免除民事责任。符合以下条件即可免除民事责任。

1.不可抗力

因不能预见、不能避免又无法克服的客观情况,而对他人造成损害的,一般不承担民事责任,但法律另有规定的除外。

2.正当防卫

为了使国家、公共利益、本人或者他人的人身、财产和其他权利免受正在进行的不法侵害,制止实施侵害的人的不法侵害行为的做法,即正当防卫,这种情况也可免除民事责任。

3.紧急避险

为了使国家、公共利益、本人或者他人的人身、财产和其他权利免受正在发生的危险,不得已采取的损害较小合法权益而使较大合法权益得到保护的行为。

4.受害人的故意

在侵权行为的发生或者侵权损害后果的进一步扩大方面，受害人存在故意行为。

5.受害人的同意

在侵权行为或者损害后果发生之前，受害人自愿、明确地做出的自己承担某种损害后果意思。

(三)违约和侵权的民事责任

1.违约的民事责任

合同当事人违反合同，未履行或未完全履行合同义务，按合同规定应当承担的法律责任，即违约的民事责任。违约责任主要有一方不履行或不适当履行合同、延迟履行合同、双方都违约三种具体表现。承担违约责任的形式有:①继续履行，违约双方继续按照合同的规定履行自己的义务;②采取补救措施，因违约而给一方造成损失的当事人通过采取措施来避免或减小损失，受到损失的一方也应相应采取一些措施，避免损失扩大;③赔偿损失，根据合同规定或法律规定，当事人在违约时向对方支付金钱进行赔偿。

2.侵权的民事责任

侵权的民事责任，简称侵权责任，是指民事主体因实施侵权行为而应承担的法律责任。侵权的民事责任具有以下法律特征:①以侵权行为为前提;②具有强制性;③以财产责任为主，也包括一些非财产内容的责任形式。

(1)一般侵权的民事责任。一般侵权的民事责任又称"有过错的民事责任"，具备一般责任全部构成要件的民事责任，就可称为一般侵权的民事责任。一般侵权的民事责任适用过错归责原则。

根据我国民法规定,一般侵权民事责任的构成要件包括:①损害事实。损害事实是指行为人因侵权行为而给他人造成财产损失、人身伤亡、人格权遭受侵害和精神损害等权利和利益上的损害的事实。②侵权行为与损害事实之间有因果关系。侵权行为与损害事实之间存在因果关系,也就是说损害事实与侵权行为之间存在内在的、必然的联系。③行为人有主观过错。行为人有过错是指行为人对其行为所持的一种违背法律和道德的主观心理因素。过错包括故意和过失。④损害行为必须违法。违法行为包括三类:一是违反合同或不履行其他义务。二是侵犯国家、集体的财产。三是侵犯他人的财产和人身权利。职务行为、正当防卫行为、紧急避险行为,由于其合法性,都不必承担民事责任。

(2)特殊侵权的民事责任。特殊侵权的民事责任又称"无过错责任",指不具备侵权责任的一般构成要件,具备法律规定的特殊条件时需承担的侵权民事责任。适用过错推定和公平责任原则的责任和过错推定责任原则。我国《民法通则》规定,特殊侵权的民事责任主要有:①国家机关职务侵权的侵权责任;②产品质量不合格致人损害的侵权责任;③因高度危险作业致人损害的侵权责任;④环境污染致人损害的侵权责任;⑤公共场所施工致人损害的侵权责任;⑥建筑物、搁置物塌落致人损害的侵权责任;⑦饲养动物致人损害的侵权责任;⑧无民事行为能力人和限制民事行为能力人致人损害的侵权责任;⑨正当防卫超过必要限度造成不应有损害的,防卫人应承担民事责任;⑩紧急避险造成无辜第三者损害的,紧急避险人要承担适当的民事责任。另外,雇佣人在执行雇佣活动时致人损害的以及医疗事故、交通事故也作为特殊的侵权责任。

(3)共同侵权的民事责任。民事主体的共同侵权行为所导致的民事责任,即共同侵权的民事责任。两人或两人以上共同侵权造成他人损害的行为称为共同侵权行为,共同侵权行为又包括共同加害行为和共同危险行为。

共同加害行为。共同加害行为是指两个或以上的行为人基于共同的故意或过失,共同实施损害行为,致使他人人身或财产受损。《民法通则》第一百三十条规定:"两人以上共同侵权造成他人损害的,应当承担连带责任。"《民法通则》实施意见第一百四十八条规定:"教唆、帮助他人实施侵权行为的人,为共同侵权人,应当承担连带民事责任。教唆、帮助无民事行为能力人实施侵权行为的人,为侵权人,应当承担民事责任。教唆、帮助限制民事行为能力人实施侵权行为的人,为共同侵权人,应当承担主要民事责任。"通过语言或行为,怂恿、利诱他人实施侵权行为,就是所谓的教唆。加害行为发生的主导原因就是教唆行为,教唆行为必然是行为人故意的行为。而帮助是指通过提供工具、给予鼓励的方式,从物质或精神上协助他人完成加害行为。不同于教唆行为的故意性,帮助行为既可以是故意的,也可能是由过失造成的,它是侵权行为得以完成的辅助原因。从结果上看,二者均构成共同加害行为,因此,应当承担连带责任。

共同危险行为。两个或两个以上的行为人,共同实施了侵害他人的危险行为,造成了损害后果,但不能准确判定谁为加害人的情况,即共同危险行为。如甲乙共同向空中抛掷石块,导致了丙受伤,经验明丙的伤害是被其中一块石块击中所致,但加害人与受害人均不能证明是甲还是乙的石块将丙击伤,甲乙二人的行为即是共同危险行为。共同危险行为的确立,可以使受害人的权益得到更充分地保护,不会因无法确定实际加害人而使受害人的权利得不到救济,同时对于遏制侵权行为也有很好的效果。

(四)承担民事责任的方式

侵权行为人具体以何种形式来承担民事责任,即承担民事责任的方式。我国《民法通则》第一百三十四条规定,侵权民事责任的方式主要有:①停止侵害;②排除妨碍;③消除危险;④返还财产;⑤恢复原状;⑥修理、重作、更换;⑦赔偿损失;⑧支付违约金;⑨消除影响、恢复名誉;⑩赔礼道歉。在运用上,这几种承担民事责任的方式可单独使用,也可综合使用。

第三节 大学生民事活动的法律关系

一、大学生的权利主体地位

民事主体是参与民事法律关系,享有民事权利和承担民事义务的人。民事主体包含的内容很多,一般说来,大学生是我国重要的民事主体,可以根据其年龄和智力情况参与相应的民事活动,享有相应的民事权利,承担相应的民事义务。大学生与高校之间,不仅存在行政法律关系,而且存在民事法律关系。作为民事主体的高校和大学生,他们之间是平等的,平等地享有民事权利和承担民事义务①。

具体说来,高校与大学生在接受法律法规约束的同时,高校对大学生的一部分内部管理行为受到合同的规制,形成一种合同关系。虽然二者之间不存在有形的民事合同,但从民事角度出发,一种诺成性的民事合同顺理成章地产生了。这种法律关系强调的是自愿与自治,是一种横向关系,双方主体的地位是平等的,这一点不同于高校与大学生之间的行政法律关系。

高校与大学生作为平等的民事主体,二者在民事法律关系中,均享有财产权、人身权、债权以及知识产权等民事权利,也均承担相应的民事义务。具体来说,高校与大学生之间存在的民事法律关系主要有以下五方面的表现:一是校园公产管理和使用方面。大学生在遵守学校的相关管理规定的基础上,有权使用校园内的教学设施、图书馆等,如破坏公产,必须按价赔偿。二是学生公寓租住方面。大学生有权租住学生公寓,对其内部的设施也有一定的使用权,但必须缴纳一定的费用且服从学生公寓的管理规定。三是饮食服务方面。大学生有权要求学校提供饮食方面的服务,但须按照等价有偿原则支付有关费用。四是校园损害赔偿方面。如果因高校管理不善导致大学生人身、财产受到损害的,大学生有权要求高校进行民事赔偿,当然,高校也有义务承担这项赔偿。五是学费缴

---

①曾少华,刘小春.大学生法律知识读本[M].南昌:江西高校出版社,2014.

纳和收取方面。高校有权向大学生收取一定数额的学费,相应地,大学生则有义务向高校缴纳规定的学费。高校和大学生在学费问题上发生的纠纷,属于民事纠纷,因此,高校不能采取行政手段处理纠纷,如扣发毕业证等。

二、大学生活中的民事法律行为

(一)民事法律行为概述

公民或法人设立、变更、终止民事权利和民事义务的合法行为,即为民事法律行为。民事法律行为属于一种重要的民事法律事实,能够引起民事法律关系的变动。

一般成立要件和特别成立要件构成了民事法律行为的成立要件。一切民事法律行为成立都必须具备的共同要件,即一般成立要件,如意思表示就是民事法律行为成立的一般要件。一项民事法律行为的成立,除满足一般成立要件外,必须依法具备一些特殊要素,即为特别成立要件,如要物行为就必须以物之交付为特别成立要件。

民事法律行为的生效要件也分为一般生效要件和特别生效要件。所有的民事法律行为发生完全效力都必须具备的共同要件,即为一般生效要件,一般包括当事人须有相应的行为能力、须意思表示真实、标的须合法、标的须确定。特别生效要件是指有些民事法律行为要生效,除具备一般的生效条件外,还必须具备一些特殊的生效条件,如死后行为的特殊生效要件为行为人的死亡。

(二)与大学生学业密切相关的民事法律行为

大学生的民事法律行为种类多,范围广。但与大学生的学业有着密切关系的法律行为,主要有国家助学贷款、奖学金、助学金的申领、勤工助学与兼职打工等行为。

自高校实行收费制度以来,高校学习费用也在逐渐地增加,使很多家庭经济困难的学生难以顺利地完成学业。为此,国家实行了助学贷款制度,以缓解他们的经济困难,解决他们的后顾之忧。国家助学贷款是由政府主导、财政贴息,银行、教育行政部门与高校共同操作的专门帮助高校家庭贫困学生的银行贷款。借款学生无须办理贷款担保或抵押,但需要承诺按期还款,并承担相关法律责任。借款学生通过学校向银行申请贷款,以解决自己在校期间学习和生活费用不足的问题,毕业后分期偿还。申请贷款的大学生必须按照约定的时间,偿还助学贷款,否则,就必须承担一定的法律责任。

第四节　大学生民事权利的保障

一、侵权行为概述

(一)侵权行为的概念和特征

行为人以作为或不作为方式,侵害他人民事权益,依法应当承担侵权责任的行为,即为侵权行为。侵权行为具有以下四方面的特征:①侵权行为是一种违法行为;②侵权行为是一种事实行为;③侵权行为是一种加害行为;④侵权行为是一种应当承担以损害赔偿为主要责任形式的行为。

(二)侵权责任的归责原则

侵权责任是指侵权人侵害他人权益时,依法应当承担的民事法律后果。据以确定侵权责任由行为人承担的根据,即为侵权责任的归责原则。根据我国《侵权责任法》的规定,我国侵权责任的归责原则包括两种,即过错责任原则和无过错责任原则。

1.过错责任原则

以行为人的主观过错为归责之必要条件的归责原则,就是所谓的过错责任原则。过错责任原则的内容包括三个方面:①过错责任原则的性质是主观归责原则。在确定侵权行为人的责任时,必须依行为人的主观意思状态来确定,而不能依行为的客观方面来确定;②过错责任原则以过错为侵权责任的必备构成要件;③过错责任原则以过错为责任构成的最终要件。

过错责任原则是我国侵权法的基本归责原则,也是最主要的归责原则,其适用范围很广,当然,也包括一般的侵权行为。适用过错责任原则确定赔偿责任,其构成要件包括违法行为、损害事实、违法行为与损害事实之间的因果关系和过错四方面。运用过错责任原则,按照"谁主张、谁举证"的原则,构成侵权责任的四个要件的举证责任全部由提出损害赔偿主张的受害人负担,加害人不承担举证责任。

2.过错推定原则

过错推定原则是过错责任原则适用的一种特殊情况。在法律有特别规定的场合,从损害事实的本身推定行为人有过错,而行为人却不能证明自己对损害的造成没有过错的,则依法推定行为人有过错并就此损害承担侵权责任的归责原则，即为过错推定原则。过错推定原则加重了行为人的举证责任，其适用范围有明确的法律规定，而不能滥用。

3.无过错责任原则

不依行为人主观上的过错，而是依照法律的特别规定确定行为人是否承担侵权责任的归责原则，即为无过错责任原则。无过错责任原则具有"客观归责性"，因而不能滥用，只有在法律有明确规定的情况下、在其特定的适用范围内才能适用。根据我国《侵权责任法》的规定，产品责任、高度危险责任、环境污染责任、饲养动物损害责任、监护人责任、用人单位责任等适用无过错责任原则。适用无过错责任原则，其责任构成只需有三个要件，即违法行为、损害事实、违法行为与损害事实具有因果联系。换句话说，无过错责任原则不以"过错"为构成条件。但如果受害人自身有过错，根据法律的规定，可以实行过失相抵，具体体现在四个方面：①受害人故意造成损害的，行为人不承担责任；②受害人对于损害的发生具有重大过失的，原则上实行过失相抵，减轻行为人的责任，但是法律有特别规定的除外；③受害人对于损害的发生有过失的，如果法律规定可以减轻责任的，依照其规定，实行过失相抵，减轻其责任。法律没有特别规定的，受害人过失不构成过失相抵；④受害人有轻微过失的，不实行过失相抵①。

---

①陈少平.大学生伤害事故管理的理论与实务[M].厦门：厦门大学出版社,2013.

二、侵害大学生民事权利的主要表现形式

在现实生活中,受各种原因的影响,经常发生侵害大学生民事权利的现象,包括发生在学校内的,也有发生在社会上的。据侵害主体的不同,对侵害大学生民事权利的主要表现形式进行如下概括:

(一)高校对大学生民事权利的侵害

高校是大学生活动的主要场所,大学生与高校之间的联系最为密切,二者之间既是教育与被教育的关系,又存在着管理与被管理的关系。因此,高校承担着对大学生的教育、管理和服务职能。在对大学生进行教育、管理和服务的过程中,高校难免会出现侵害大学生民事权利的现象,举例如下:

1.高校内部管理规定对大学生民事权利的侵害

高校会制定大量的内部管理规定,如校规校纪等,对大学生进行教育、管理,同时为大学生提供服务。在这些内部管理规定制定时,学校作为规定者,往往从自身的利益出发,对学生设置的义务条款过多,不能严格遵循权利义务相一致原则,有些规定还超越了高校的管理权限,赋予高校较多的管理权限。这些条款就直接或间接地侵害了大学生的民事权利。例如,某高校规定,凡是不按规定停放自行车的,一律没收,这就侵犯了大学生的财产权。

2.高校不作为对大学生民事权利的侵害

高校与大学生之间存在民事法律关系,双方互有权利,互有义务,高校既享有对大学生教育和管理的权利,也要履行向大学生提供良好服务的义务。如果高校不积极履行作为义

务,疏于管理,对大学生的人身和财产造成损害时,就会侵害大学生的民事权利。例如,某高校因疏于对食堂的监督和管理,致使出现大学生集体中毒事件,从而严重侵害了大学生的健康权。

3.高校在处罚大学生时对大学生民事权利的侵害

处罚学生是学校中经常发生的事情,高校在依校规校纪对大学生进行管理时,常因处罚不当,出现侵害大学生民事权利的现象。例如,某高校在对一对大学生情侣在公开场合亲热的行为进行批评教育时,采取在全校通报批评方式,使二人一时成为全校的议论焦点,成为他人取笑的对象,这就侵犯了大学生情侣的隐私权。

(二)高校教师对大学生民事权利的侵害

高校教师直接承担着对大学生进行教育和管理的职责,与大学生的联系最为密切,既是良师,也是益友。但高校教师在对学生进行管理和教育的过程中,常会因自己个人的行为不当而发生侵害大学生民事权利的现象。例如,高校教师当众侮辱、谩骂大学生,就会侵害大学生的名誉权;高校教师在课堂上公开大学生隐私,就会侵害大学生的隐私权;高校教师侵占大学生的作品或设计,就会侵害大学生的著作权。

(三)社会组织对大学生民事权利的侵害

虽然学校是大学生活动的主要场所,他们主要在"象牙塔"内生活学习,但其为了满足自身的各种需要,不可避免地也要与社会打交道,产生交集。由于大学生对社会的接触、了解较少,在与社会组织打交道的过程中,常处于弱势地位,自身合法权益难以得到保障,民事权利经常受到侵害。实践中,社会组织对大学生民事权利的侵害行为主要体现在以下三方面:一是社会组织内部的某些规定,对大学生进行区别对待,侵害了部分大学生的民事权利。例如,有些企业在一些普通岗位的招聘中规定,只招收身高在170厘米以上的大学生,这就侵犯身高在170厘米以下大学生的平等就业权。二是社会组织未能依法履行与大学生签订的协议,不根据协议规定履行相应的义务,侵害了大学生的民事权利。例如,某企业与一些大学生签订了一份暑假用工协议,协议中规定了双方各自的权利和义务,但是在协议到期后,该企业却以各种理由为借口,未能按照约定全额支付报酬,这就侵犯了大学生的劳动报酬权。三是社会组织未能尽到应有的注意义务,在人身和财产方面对大学生造成了一定的伤害,同样侵害了大学生的民事权利。例如,某高校学生在学校附近的一家餐厅吃饭时,因餐厅疏忽而未关闭紫外线消毒灯,致使这些学生在紫外线消毒灯下会餐后,全部眼肿脸痛,经医院检查血液发生异常,这就侵害了大学生的健康权。

(四)一般公民对大学生民事权利的侵害

社会是一个复杂的群体,难免会对学生的民事权利造成伤害。社会中除了社会组织外,其中的一般公民,也可能因某事件或行为的发生,对大学生的民事权利造成侵害。这一现象具体表现在两方面:一是大学生与某公民之间存有侵犯法律关系时,作为加害人的某公民就侵害了大学生的民事权利。例如,某公民从楼上往下扔东西时,恰巧砸伤了路过的某大学生,就侵犯了该大学生的健康权。二是大学生与某公民之间存有合同法律关系时,假如某公民不履行该合同义务,就侵犯了大学生的财产权。例如,某大学生与某公民之间签订了一份家教合同,在合同中对报酬等内容做了具体的说明,但是合同期满后,该公民拒不履行支付报酬的义务,这就侵害了该大学生的债权。

三、大学生民事权利受损后的救济途径

正所谓"无救济就无权利",大学生的民事权利在受到损害后,只有得到及时的救济,才能补救权益受损者,才能使受损的权利恢复到原有状态,才能使受阻的权利得到行使,才能使法定义务得到履行。通常情况下,协商和解、调解、行政裁决等方式是大学生民事权利受损后的主要救济途径。

(一)协商和解

当纠纷发生以后,双方当事人心平气和地坐下来协商,互谅互让,进而对纠纷的解决达成协议的活动,即为协商和解。通过协商后,各自履行相应的义务,或赔偿,或道歉,从而继续和睦相处或合作。通过协商和解,可以及时地解决纠纷,既节约成本又能保护双方的合作关系,当事人双方可以首先选择这种方式来解决纠纷。和解协议相当于合同,当事人双方应自觉履行。一方如果不履行和解协议,另一方可以向人民法院提起诉讼。在我国,和解分为诉讼外的和解和诉讼内的和解。无论在民事诉讼、行政诉讼还是在新完善的刑事诉讼程序中,当事人双方都可以进行协商和解。诉讼中的和解协议经法院审查批准和当事人签名盖章,即发生效力,结束诉讼程

序的全部或一部。

(二)调解

当事人之间发生纠纷之后,第三人从中进行沟通疏导、说服教育,促使当事人双方互相谅解、达成协议,从而解决纠纷的一种活动,即为调解。一般情况下,我国的调解包括法院调解、人民调解、行政调解、仲裁调解、律师调解、亲朋好友调解等多种调解方式。其中,法院调解是在人民法院主持下进行的调解,这种调解协议具有等同于法院判决的效力,可以强制执行;人民调解是人民调解委员会主持进行的调解,这种调解协议具有法律约束力,当事人有争议的,可以提起民事诉讼;行政调解是基层人民政府或者国家行政机关主持下进行的调解,其不具备法院调解的效力,如果当事人对行政调解不满意,可以提起民事诉讼。在这几种调解中,法院调解属于诉讼内调解,其他都属于诉讼外调解。

(三)行政裁决

行政裁决是行政主体对特定民事纠纷,以裁决的方式进行处理的一种救济方式。一般而言,这些民事纠纷都与行政管理有关,大致可以分为权属纠纷、侵权纠纷和损害赔偿纠纷三种类型:其一,权属纠纷,是双方当事人因某一财产的所有权或使用权的归属发生争议,包括草原、土地、水、滩涂及矿产等自然资源的权属争议,双方当事人可依法向行政机关请求确认,并做出裁决。其二,侵权纠纷,是由于一方当事人的合法权益受到他方的侵犯而产生的纠纷。产生侵权纠纷时,当事人可以请求有关行政机关进行制止,并做出制止侵权行为的裁决。其三,损害赔偿纠纷,是一方当事人的权益受到侵害后,要求侵害者给予损害赔偿所引起的纠纷。食品卫生、药品管理、环境保护、医疗卫生、产品质量、社会福利等方面是这种纠纷主要存在的领域。

第四章 大学生就业中应具备的法学常识

第一节 大学生就业权益的认知

就业,通常是说有劳动能力的人,将一定方式与生产资料进行结合,以获得劳动报酬或经营性收入为目的的活动。就业是衡量一国政府执政水平和社会经济状况的重要指标,各国政府都花大力气去思考本国的就业政策,并力求建立科学、合理和有效的就业制度,促进本国公民实现充分就业。

就业权也称工作权,是指公民享有的使自己的劳动力与生产资料结合实现职业劳动的权利。公民的基本权利之一就包括就业权,就业权对于公民有着重要的意义,它属于基本人权范畴,是公民为实现生存权而应享有的权利。德国首先将就业权作为人的生存权而写进1919年制定的《魏玛宪法》,此后各国纷纷效仿。我国《宪法》第四十二条也规定"中华人民共和国公民有劳动的权利和义务。国家通过各种途径,创造就业条件。国家对就业前的公民进行必要的就业训练"。为了规范国家在促进就业中的职责,我国的《劳动法》设置了专章对其职责作了原则性的规范。2007年8月30日全国人大常委会第二十九次会议通过了《就业促进法》,并于2008年1月1日起正式施行,2015年进行了修订。《就业促进法》是我国就业领域首部专门规定就业问题的基本法。

无论对发达国家还是发展中国家而言,就业问题都是普遍存在的社会问题。而控制失业率、实现平等就业是解决就业问题的两个关键点。控制失业率的目标就是要实现充分就业,而实现平等就业就要反对就业中的不公平现象,尤其是在就业中存在的就业歧视问题。当前,越来越多的大学生进入高校接受系统的高等教育,其现实原因是主要的原因,就是为将来就业打基础,更好地解决就业问题。就业能够使毕业后的大学生们做到自食其力,摆脱对父母的经济依赖;就业也是他们最终实现个人梦想的基本途径,只有通过就业他们才能踏上事业的平台;就业不仅关系一个人的生计而且关系一个人的尊严,这对于有着强烈自豪感和自尊心的大学生来说更是如此。从社会的角度分析,如果大量大学生毕业后处于失业状态,找不到工作,不仅是人才资源的浪费,还会影响社会的安定和谐,从而成为社会的不安定因素。

现如今,受多种因素的影响,尤其是近年来的高校扩招,大学生的数量急剧增加,更多的学生在享受高等教育的同时,就业压力的增大也成了他们烦恼的主要问题。当今的大学毕业生不再是精英教育之下受用人单位推崇的骄子,而是成了进入大学校门就被就业问题所困扰的群体。2018年全国普通高校毕业生人数达到了820万,被称为史上最难就业季。在这支毕业生大军中,"95后"占比超过80%,成为绝对的主力。

《2018年中国毕业生就业报告》从2018届毕业生的就业去向、城市就业流向、各学历层次起薪、专业对口率等多方面深度分析了2018年应届毕业生的就业状况。据调查,从2018年中国毕业生就业去向分析来看,近半数毕业生选择企业就业,占比为50.51%。其次为考研群体占比为30.02%,现今社会就业压力不断增加,考研的学生也越来越多,学生普遍认为考研不仅可以缓解就业压力,还可以提升自身能力和竞争力。公务员/事业单位占比为6.87%;出国留学的占比为5.85%;创业占比为3.63%;其他仅为3.12%。在毕业生如此之多,就业压力如此之大、就业形势十分严峻的情况下,多数大学毕业生毕业后都梦想能够找到一份理想的工作①。

一、大学生的就业平等权

与就业平等相对应的就是就业歧视,因此,要实现就业权平等,就必须要反对就业歧视现象。就业和职业歧视在1958年国际劳动工作组织通过的《消除就业和职业歧视公约》中的定义为根据种族、肤色、性别、宗教、政治观点、民族血统或社会出身所做出的任何区别、排斥、优惠,其结果是剥夺或损害在就业和职业上的机会或待遇上的平等;有关会员国经与有代表性的雇主组织和工人组织(如存在此种组织)以及其他适当机构协商后可能确定的其他区别、排斥或优惠,其效果会取消或损害就业或职业机会均等或待遇平等。但对于任何一项特定职业基于其内在需要的区别、排斥或优惠不应视为歧视。我国《就业促进法》第三条规定:"劳动者依法享有平等就业和

---

①朱爱胜.大学生就业与创业导论[M].上海:高等教育上海出版社,2016.

自主择业的权利。劳动者就业,不因民族、种族、性别、宗教信仰等不同而受歧视。"大学生平等就业的内涵对用人单位和高校两方面都做出了规定,一方面,在就业问题上高校要对所有的大学生一视同仁,为所有在校大学生就业提供平等竞争的机会;另一方面是用人单位,任何用人单位都不得以任何借口歧视就业的学生。

(一)用人单位不得歧视每个参与就业的大学生

平等就业意味着大学生在就业过程中均享有平等竞争的机会,用人单位要以同一尺度和标准衡量所招聘大学生的劳动能力,通过公平竞争择优录取。用人单位招聘大学生时不得把与工作能力无关的因素作为是否录用或确定待遇高低的标准,否则,就侵犯了大学生的就业平等权,构成了就业歧视。大学生在现实的就业过程中可能受到以下歧视:

1.性别歧视

女性大学生在就业中处于弱势地位,其主要原因是由于其自身特殊的生理差别以及社会的偏见。女大学生在应聘时会受到许多用人单位或明或暗地歧视。有的用人单位直接在招聘启事上明确不招女生或注明男生优先;有的则要求女生在工作期间不得生育,甚至不得恋爱和结婚;也有用人单位没有表明不招或限制招录女生,但采取"内部掌握"的方式把参与应聘的女生实际排除在外。

2.相貌身高歧视

不可否认,某些工作与相貌身高存在着一定的关系。但是,一些用人单位在招聘大学生时,即使相貌身高与所招聘的岗位毫无关系，也总是"以貌取人"，在招聘文件中声明应聘者应五官端正和形象良好。同时，相当多的用人单位把一定的身高标准作为录用的必要条件。

3.地域歧视

用人单位只招聘或优先招聘本地生源的学生，这就是地域歧视的表现。一些经济发达地区的用人单位经常存在地域歧视的做法。由于一些经济发达地区设置较高的户籍准入门槛，用人单位招聘人员要受户口指标的限制，一些用人单位只招本地户口的大学生。

4.家庭背景歧视

在招聘过程中，有些用人单位要求大学生必须提供一些包括家庭背景在内的个人信息，比如父母及其他重要亲属的职业。一些用人单位为了利用所招大学生拥有的社会关系和人脉关系为其自身谋利，甚至将家庭背景情况视为录用与否的重要参考因素。

5.学历歧视

由于近年来高校招生规模快速扩大，用人单位在毕业生严重供大于求的形势下，越来越重视学历的高低，学历在大学生的就业中成了不可忽视的重要因素。不考虑个人能力和工作岗位的实际需要，本科学历是一部分用人单位的最低学历标准，更不招专科毕业生。对于只需提供简单劳动的岗位，一些用人单位甚至也要求应聘者要具有硕士学历或博士学历。

6.年龄歧视

年龄歧视就是用人单位在招聘时不合理地设定年龄上限。一般的用人单位对于应聘者年龄限制在35周岁以下或30周岁以下,并且呈降低趋势。一般情况下,用人单位的这种年龄歧视对大部分的毕业生在就业中都不会造成障碍,但也存在一些特殊情况,如参加过工作重新进校学习的大学生则可能会受到其影响。

7.疾病歧视

在准备录用大学生时,很多的用人单位都会要求大学生进行体检,用人单位决定其是否合格。对于被检测出患有某些类别疾病的大学生用人单位则拒绝录用。比如针对"乙肝病毒携带者"的歧视。

(二)高校应公平推荐参与就业的大学生

不同于用人单位侵犯大学生平等就业权的形势,不能公平地向用人单位推荐参与就业的大学生是高校侵犯大学生平等就业权的主要体现。大学生就业现已呈现出多种形式,一般实行供需见面和双向选择,高校的作用主要是为大学生就业提供各种服务,很少直接向用人单位推荐特定的大学生。虽然,有些用人单位有计划招收大学毕业生,为了不花费太多的精力对招聘对象进行考察,于是就委托学校,希望学校能够为其推荐优秀毕业生。在此情况下,录用与否的决定权虽然仍掌握在用人单位手中,但是高校的推荐实际上却是最为关键的环节。另外,在实施国家"大学生志愿服务西部计划""三支一扶计划"等专项计划中以及各省招收"选调生"过程中,程序上是让各高校先行推荐,只有被推荐的大学生才有资格接受进一步的考核。高校在推荐毕业生时,应该保护大学生的平等就业权,从大学生的客观实际出发,尊重事实,用同一标准衡量和评价他们,不得有暗箱操作或"预留名额"的做法。

(三)"托关系就业"损害了大学生的平等就业权

我国是个人情观念很重的国度,重视"人情关系"固然有其积极的一面,但"人情关系"的复杂化对社会的负面影响也是显而易见的,如败坏社会风气,导致不公平竞争等。人情关系是把双刃剑,既可能有利,又可能有害。就业平等权的原则要求在坚持公平和公正的基础上,对每一位参加就业的大学生用统一的标准和尺度进行衡量。由于近年来大学生就业形势日益严峻,依赖社会关系找工作的比例越来越高,家庭背景和社会关系状况在大学生就业中的作用越来越突出,"托关系"就业已成为损害大学生平等就业权的重要原因。在现实生活中,有些用人单位用表面上看似公平公正的公开招聘来掩饰其"内定"人员的事实,先考试后面试,其实只是表现在程序上的公正。在这样的情况下,那些家庭背景和社会关系状况优越的大学生就很容易通过排除其他竞争对手较顺利地实现就业。

二、大学生的自主择业

自主择业权就是劳动者有根据自己的意愿进行择业的权利,包括就业地域选择权、就业单位选择权等。在计划经济时期,国家实行"统包统配"的就业政策,大学毕业生就其个人的去向问题没有自主决定权,必须服从国家的安排。而在当今的市场经济条件下,各种资源的配置都需要由市场来进行,而劳动力资源这一最重要的生产要素,也需要通过市场这只"看不见的手"发挥作用,在客观上实现人尽其才。大学生自主择业权就是大学毕业生在国家有关就业政策指导下,根据自己的意愿和判断来对就业地域、就业单位等做出选择,而不受他人直接或间接干涉的权利。大学生在就业过程中与用人单位之间的关系主要是私法关系。最大限度地遵守"私法"上的意思自治和契约自由原则是处理这种关系所要注意的问题。当今,大学生自主择业权受到的不合理限制较多,有两种常见的情况。

(一)受社会舆论压力的干扰

当前,在大学毕业生面临的强大的就业压力和严峻的就业形势下,政府和高校可引导和指导学生降低就业期望值,鼓励他们去基层,到艰苦的地方去寻求就业机会。近几年来,在人们谈到大学生的就业问题时,很多人都强调转变就业观念以应对就业难的问题。从这一点上看,只是因为大学生确定的就业标准太高才使自己陷入就业困境,使本不难的就业形势变得看似很难,这些观点对大学生形成强大的社会舆论压力,一些学生只得服从。事实证明,这种被动就业的结果是,一些大学生即使实现了就业,可是仍然想通过考研及其他方式离开所在单位,或者消极对待本职工作而不思进取。

(二)受高校就业协议的不合理干预

高校作为三方就业协议中的一方当事人,其地位是次要的,仅起着见证、管理协议书和监督协议履行的作用。这里的监督具有督促协助的性质,不应是法定监督权,只能是一方不履行协议时,在另一方提出要求的情况下,协助其与不履行协议的一方进行交涉,但是,高校在非违约方保持沉默的情况下,不应越俎代庖主动要求违约方承担责任,更不应从中获利。而现实中部分高校就明文规定,毕业生签了就业协议后除特殊情况外(如用人单位解散、撤销等)不得改签其他单位;也有一些高校规定,改签协议的毕业生须向学校交纳一定数量的违约金或"改派费",即使改签行为已事先得到用人单位同意也不能免除。高校的上述做法就是一种越位行为。一旦大学生与用人单位双方都同意解除就业协议,高校就应当尊重二者的意愿和决定。即使大学生单方违约也不应由高校追究其责任,因为违约行为仅影响到用人单位的利益。当然,这并不代表大学生违约后不需要承担任何责任,而是说如果大学生在履行就业协议中有违约行为,应当由用人单位通过法律途径追究其赔偿责任。在某种意义上,选择付出代价的违约也是一项权利。

第二节 大学生就业权益的法律保护

一、毕业生就业权益

市场化、法治化逐渐成了普通高校毕业生就业制度改革的发展方向。但在大学生毕业就业的实际过程中,信息独占、不公平录用等侵犯毕业生权利的情况时有发生。高校毕业生在其整个择业求职过程中应增强法律意识,自觉遵守市场规则,并运用法律武器保护自己的合法权益。根据目前就业法律法规和政策的有关规定,毕业生在就业求职过程中主要享有以下几个方面的权益：

(一)平等就业权

在毕业就业的求职过程中,毕业生享有平等的就业权。就业时遵循平等、公平、公正的原则。根据国家有关规定,实行并轨招生的高职高专应届毕业生,在国家就业方针、政策指导下自主择业,只要符合国家的就业方针、政策,毕业生在选择用人单位时,就可以根据自己的意愿,平等、自主地进行决策,学校、其他单位或个人均不得干涉。

(二)获取信息权

毕业生择业成功的前提和关键是拥有充足的就业信息,只有获取了充分的信息,在此基础上,才能更好地结合自身情况选择适合自身发展的用人单位。毕业生获取信息权,应包括两方面含义。

1.信息公开

即所有用人信息向全体毕业生公开,各地信息公开的范围、程度可根据各自不同的实际情况而有所区别。例如,北京市已建立高校毕业生需求信息登记制度,凡需录用高校毕业生的用人单位,须到北京市高校毕业生就业指导中心和有关高校办理信息登记,由市高校毕业生就业指导中心通过高校向毕业生发布用人需求信息,任何单位和个人不得隐瞒、截留需求信息。

2.信息准确

为了对用人单位有全面的了解,不盲目的迷从,以做出符合自身需求的最佳选择,毕业生有权获取准确的就业信息。

而且毕业生获取的信息必须是及时、有效、准确、全面的,而不能将过时无利用价值的信息传递给毕业生。

(三)被推荐权

在就业工作中,向用人单位推荐毕业生是高校的一个重要职责。历年的实践工作经验证明,学校的推荐往往在较大程度上影响到用人单位对毕业生的取舍。推荐是学校的基本责任,也是毕业生享有的基本的权益。具体来说,毕业生享有的被推荐权包含以下两方面的内容:

1.公平、公正、平等地被推荐

学校在进行毕业生推荐时,应给每一位毕业生以平等的就业推荐的机会,做到公平、公正,不厚此薄彼。在对毕业生进行推荐时,应实事求是,根据毕业生本人的实际情况向用人单位进行介绍、推荐,不能故意贬低或随意捧高对就业生在校表现的评价。

2.实事求是、择优推荐

优秀的毕业生不仅会受到学校的喜欢,更会受到用人单位的欢迎。学校在公正、公开、平等的基础上对学生进行推荐的同时,还可根据学生的在校表现进行择优推荐。用人单位在录用毕业生时也应坚持择优标准,真正体现学以致用、人尽其才。这样才能调动广大毕业生和在校生学习的积极性,毕业生在就业过程中只能凭自身综合素质的提高来取胜。

(四)选择权

在国家就业方针、政策指导下,高职高专毕业生有权进行自主择业。毕业生只要符合国家的就业方针、政策,可以自主地选择用人单位、学校,其他单位或个人均不得干涉。任何将个人意志强加给毕业生,强令毕业生到某单位的行为是侵犯毕业生选择权的行为。毕业生可结合自身情况自主与用人单位协商,要求学校予以推荐,直至签订就业协议以及被学校派遣往用人单位报到。

(五)接受就业指导权

接受就业指导和服务是在校毕业生的一项重要权益,因为我国的《高等教育法》明确规定:"高等学校应当为毕业生、结业生提供就业指导和服务。"各高校应成立专门的学生就业指导服务机构,配备专门人员对毕业生进行就业指导与服务工作。

(六)公平待遇权

用人单位在录用毕业生的过程中,应公平、公正、一视同仁。目前,最令人担忧的是毕业生在就业实践中的公平录用权受到了很大的冲击。由于各项配套措施滞后,完全公平的就业市场尚未真正形成,用人单位录用毕业生还不同程度地存在不公平、不公正的现象,如女生就业难仍然是困扰女毕业生就业的一大问题。由此可以看出,毕业生最为迫切需要得到维护的权益是公平待遇权。

(七)违约求偿权

毕业生、学校、用人单位三方签订《就业协议》后,或者毕业生与用人单位双方签订《劳动合同》后,合同当事人都应严格履行协议。任何一方都必须在得到其他当事人同意的情况下,才能提出变更或解除协议,还需承担违约责任。对于用人单位无故要求解除就业协议的,毕业生有权要求对方严格履行就业协议或者要求对方承担违约责任,按照合同约定取得求偿权。

二、就业权益的法律保护

虽然毕业生享有上述权益,但在就业的实践过程中,侵害毕业生权益的现象经常出现。因此,为了更好地维护自身的合法权益,毕业生了解并学会运用法律手段是很有必要的。针对侵犯自身就业权益的行为,毕业生有权向用人单位上级主管部门和学校进行申诉并听取他们的处理意见,同时也可提交给当地的劳动争议仲裁机构进行调解和仲裁,还可以向人民法院提起诉讼。

(一)保护就业权益的法律法规

与毕业生就业相关的法律、法规主要有《中华人民共和国高等教育法》《中华人民共和国合同法》《中华人民共和国劳动法》《劳动保障监察条例》《中华人民共和国公务员法》等。近年来,我国政府和有关部门分别从各自的角度出发,制定了一系列的就业政策和法规,依据制定部门的不同可主要分为以下三类:一是教育部及有关部委关于毕业生就业的规范,如《普通高等学校毕业生就业暂行规定》。二是各地方就业主管部门出台的有关毕业生就业的规范性文件,这些规范性文件是在依据本地方实际情况的基础上制定的,以规范指导本地方的毕业生就业。三是高等学校结合学校实际制定的本校工作实施办法、实施细则,参考了国家的就业方针、政策和规定以及主管部门工作意见①。

(二)毕业生就业权益的自我保护

毕业生的就业权益遭受侵害后,可以请求学校保护或者劳动保障监察机关保护。除此之外,毕业生的自我保护是保护其自身权益的一个重要方面,主要体现在以下方面:

1.熟悉和了解有关法律常识及规定,自觉提高个人法律意识

毕业生权益的自我保护是建立在熟悉和了解相关法律法规的基础上的。因此,毕业生必须了解目前国家关于毕业生就业的有关方针、政策和规范以及它们之间的关系,对其在就业过程中的权利和义务也要有所熟悉。如果在就业过程中因为所谓的公司规定或部门规定与国家政策法规有抵触,侵犯了自己的权益,则可以依据法律办事,维护自己的合法权益。

2.诚实守信,谨防侵害自身合法权益的求职陷阱

毕业生在就业求职过程中,要本着诚实守信、平等优先的原则参与到就业求职过程中的每个环节中来,无论是自荐、应聘、面试、笔试、洽谈就业意向,都要以自身的实力参与竞争。同时,要有风险意识,对于有些用人单位招聘人员时,夸大优厚条件,以欺骗手段吸引人才的陷阱要有提防戒备心理,预防侵害就业权益行为的发生。

3.签好就业协议、劳动合同,重视合同的作用

一般情况下,就业协议由国家教育部制定统一的格式,通过书面的形式明确毕业生、用人单位、学校三方在毕业生就业

---

①孙庆珠. 当代大学生创业教育[M]. 北京:国防工业出版社,2010.

工作中的权利义务。毕业生在签订就业协议时必须认真、慎重。而在用人单位在与毕业生、学校签订"三方协议"后,还要与毕业生再签订一份比较详尽的正式确立劳动关系的劳动合同。在缔约当中,一定要高度重视合同条款的约定,考虑仔细,讲究诚信,不要违约。

4.用法律手段维护自身合法权益

目前,我国高校毕业生就业市场不够成熟、完善,有关的法律、法规和制度也尚不健全,受多种因素的影响,在就业过程中难免会出现一些不公平的现象,使毕业生的就业权益受到侵害。针对上述行为,毕业生要积极利用法律武器来捍卫自己的合法权益。

(1)毕业生有权向就业主管部门、劳动保障主管部门或者学校进行申诉并听取他们的处理意见。

(2)毕业生可直接向用人单位的主管部门投诉。若被投诉对象有营业执照,可向劳动保障部门投诉;若是无证照经营,可向工商部门投诉;若情节特别严重,诈骗金额大,可向公安部门报案。

(3)毕业生同时也可将劳动纠纷提交给当地的劳动争议仲裁机构进行调解和仲裁,对仲裁不服,还可向人民法院提起诉讼。

第三节 大学生就业中的社会保障与失业补助

一、社会保障

社会保障是以政府为主体,依据法律规定,通过国民收入再分配,对公民在暂时或永久丧失劳动能力以及由于各种原因生活发生困难时,给予一定物质帮助,以保障其基本生活的制度。

在现代社会,社会保障制度是必不可少的法律制度。目前,我国还没有统一的社会保障法。除一些有关学生临时救助性的政策规定外,其他有关社会保障的法律规定主要体现在一些法律法规及有关社会保障法律法规的实施细则中,有关社会保障的法律法规主要有《中华人民共和国宪法》《中华人民共和国劳动合同法》《中华人民共和国社会保险法》《中华人民共和国妇女权益保障法》《中华人民共和国残疾人权益保障法》和国务院颁布的《中华人民共和国劳动保险条例》《失业保险条例》等条例,我国的社会保障的内容在发展中不断地完善。我国目前基本建立起来了包括社会保险、社会救助、社会福利、优抚安置、个人储蓄积累等在内的社会保障体系。同时为对社会保险进行补充,还积极提倡社会互助,发展商业保险等措施[①]。

[①]郑造桓. 社会保障与社会发展研究系列丛书 社会保障与深化改革[M].
杭州:浙江大学出版社,2015.

（一）社会保险法律制度

社会保险是为了确保劳动者生存和劳动力再生产,国家和社会对丧失劳动能力或劳动机会而不能劳动或暂时中止劳动的劳动者,给予物质帮助,使其至少能维持基本生活需要的一种社会保障制度。

根据社会经济发展水平和社会承受能力,国家建立社会保险制度,设立社会保险基金,发展社会保险事业,使劳动者在年老、患病、工伤、失业、生育等情况下获得帮助和补偿。《劳动合同法》规定用人单位和劳动者必须依法参加社会保险,缴纳社会保险费。养老、工伤、医疗和失业保险是目前国家要求企业必须办理的四项社会保险。国家鼓励用人单位根据本单位实际情况为劳动者建立补充保险,并提倡劳动者个人进行储蓄性保险。劳动者在退休、患病、负伤、因工伤残或者患职业病、失业、生育等情形下,依法享受社会保险待遇。劳动者享受的社会保险金必须按时足额支付。

（二）社会救助法律制度

在我国,社会救助法律制度又称为社会救济,是为了保障陷入生存困境的公民的最低生活标准,国家和社会对其给予财物接济和生活扶助的一种制度。社会救助基金在我国主要由民政部管理,一般按社会救助项目分别设立,分为扶贫基金和救灾基金,基金来源主要有财政拨款、社会筹集、信贷扶贫和国际援助等。

（三）社会福利法律制度

社会福利法律制度是指国家和社会为维持和提高公民的

一定生活质量,以满足公民的共同和特殊生活需要,而提供一定物质帮助的社会保障制度,社会福利制度包括公共福利和职业福利。

(四)社会优抚法律制度

社会优抚法律制度是指国家和社会对有特殊贡献者及其家属提供褒扬和优惠性质的物质帮助,以保障其生活不低于当地一般生活水平的制度。在我国,现役军人、革命伤残人员、退役军人、烈属、病故军人家属、军属和见义勇为人员是现行法律所规定的主要社会优抚对象。

二、大学生失业救助

大学生失业问题对社会的压力逐年增大。作为一个高知识、高成本、高预期、高动能而且缺乏职业经历的群体,应当给予大学生失业一定的特别关注,然而我国当前对于大学生失业保障的法律规定还较缺乏。针对大学生失业群体的特殊性,学者们提出了"一般救济说""特殊救助说""失业保险说""社会津贴说"等。相较而言,比较符合我国现实状况的是建立大学生失业救助津贴制度,失业救助津贴应划分出不同的标准,即就业促进标准和生活补助标准,从财政中划拨一部分资金,中央和地方应采取分担制。

在大学生失业保障不足的情况下,国家和各级地方政府相继出台了一些临时救助办法和帮助措施,以帮助生活困难的毕业生,把高校毕业生就业工作纳入社会就业总体规划,积极组织未能按时就业的毕业生进行失业登记。

(一)普通高等学校生活困难毕业生临时救助办法

凡高校毕业生(含大学专科、大学本科、研究生)因患病等原因短期无法就业且生活困难的,由高校毕业生户籍迁入地所在地民政部门参照当地低保标准,给予临时救助,享受临时救助的时间最长不得超过一年,一年后家庭生活仍有困难的,按有关规定申请享受最低生活保障或其他社会救济。对于滞留高校尚未办理户籍迁移的高校困难毕业生,民政部门不予受理。

高校生活困难毕业生申请临时救助,按最低生活保障的申请审批程序办理。高校生活困难毕业生应当向户籍迁入地所在的申请审批机关出具高等学校颁发的《毕业证书》、个人身份证以及省级高校毕业生就业工作主管部门签发的《全国普通高等学校本专科毕业生就业报到证》或者《全国毕业研究生就业报到证》。享受临时救助的高校毕业生已参加就业或家庭经济条件好转,应及时取消对其的临时救助。

(二)对就业困难的高职(大专)毕业生的帮助措施

对帮助就业困难的高职(大专)毕业生就业,教育部与人力资源和社会保障部实施"高职院校毕业生职业资格培训工程"。按照"瞄准市场需求,提升职业能力,转换择业观念,加强就业服务"的要求,集中职业技能培训优质资源,对高职院校中没有落实工作单位的,特别是本人家庭生活比较困难、农村生源的应届高职院校毕业生强化职业技能培训或创业培训,为培训合格者提供职业技能鉴定服务,对鉴定合格者颁发相应的职业资格证书,力争使大部分的毕业生能够拿到"双证",教育系统承担培训的有关费用,劳动保障部门则适当减免职业技能鉴定费。

此外,高职院校和公共职业介绍机构将专门收集一批适合高职院校毕业生就业的需求信息,组织专场求职招聘活动,为取得职业培训合格证书和职业资格证书的学生提供免费参加招聘洽谈活动的机会。公共职业介绍机构将定期向教育培训机构提供劳动力市场供求和工资指导价位信息,为高职院校毕业生就业提供服务。

如果毕业生半年内仍未就业,可持高职院校出具的证明,到当地劳动保障部门进行失业登记,纳入失业人员统筹管理,为帮助其实现自主就业,毕业生可享受公共职业介绍机构提供的免费职业指导、职业介绍等服务,进而为其就业创造有利的条件。

第五章 大学生法治教育的现状及其成因

第一节 大学生法治教育现状

一、大学生法治素养的现状及其问题

(一)当代大学生的法治意识现状及其问题

法治意识是指一个人对法律的一般认识,"是人们的法律观念和法律情感的总和,其内容包括对法的本质、作用的看法,对现行法律的要求和态度,对法律的评价和解释,对自己权利和义务的认识,对某种行为是否合法的评价,关于法律现象的知识以及法制观念等"。

一个具有良好法治意识的人,能够在面对各类问题时,首先想到法律对自己的规范和保护,在进行各种行为时注意依照法律行使自己享有的权利和履行自己应尽的义务;也会充分尊重他人合法、合理的权利和利益;在遇到纠纷和问题时,能够自觉思考并寻求合法的手段予以解决,避免和抵制违犯法律的行为。以此为标准,对我国当代大学生的法治意识进行考察和分析,发现当代大学生的法治意识在总体上呈现出

令人乐观的势头,当然也存在着一些问题。

1.整体情况好于过往

自1985年以来,我国已经开展了六次全民普法运动,2016年4月,在公民中开展普法宣传教育的第七个五年规划开始执行。习近平总书记在党的十九大报告中明确提到了"全社会法治观念明显增强",而这与我国逐渐重视基础法治教育是分不开的。当代大学生是在国家逐渐开始重视在基础教育中加入法治教育的环境中成长起来的。2007年,为指导各地中小学校全面、规范地开展青少年法治教育,中宣部、教育部、司法部、全国普及法律常识办公室联合发布了《中小学法制教育指导纲要》,主要任务即是"培养中小学生的爱国意识、公民意识、守法意识、权利义务意识、自我保护意识,养成尊重宪法、维护法律的习惯"。2016年,为贯彻落实党的十八大和十八届三中、四中、五中全会精神,推动法治教育纳入国民教育体系,《青少年法治教育大纲》发布,其目的即是要将法治教育从青少年抓起。同年,教育部办公厅发布了《关于2016年中小学教学用书有关事项的通知》,规定从2016年9月1日起,将义务教育小学和初中年级的《品德与生活》《思想品德》教材统一更名为《道德与法治》。而大学生必修课程《思想道德修养和法律基础》自2006年出版后,先后进行了6次修订,在一定程度上对大学生的法治水平有一定程度的提升①。

由上可见,国家在不断实施全民普法的基础之上,尤其重视青少年在基础教育阶段的法治教育。事实上,在这样大规

---

① 刘婧. 大学生法治意识现状及教育对策研究[D]. 郑州:河南农业大学,2017.

模的普法教育中,全社会的法治意识的确得到了明显的增强。2016年6月,浙江省普法办、省舆情研究中心联合开展了"浙江省公民法治素养"调查,通过从公民法治知识、公民法治思维和公民法治行为倾向三个维度考量区域"公民法治素养指数",并形成调查报告。报告显示:浙江省公民法治素养指数为72.2,表明公民法治素养总体水平较高,其中公民法治行为倾向得分最高,为77.2,公民自觉守法、遇事用法表现突出。

报告同时也分析了受教育程度、年龄、职业与公民法治素养之间的关系,发现受教育程度对公民法治素养指数呈正相关,随着受教育程度提高,公民法治素养持续上升;年龄方面,18~29岁的受访者得分为72.9,30~39岁的为73.4,高于50~59岁的为70.0和60~69岁的69.7。从该报告中也可以得知,在成年人群体中,学历越高,年龄越低,所体现出的法治素养指数也就越高。

2.人群分布上的不平衡

虽然当代大学生总体的法治意识处于历史中的较好水平,但是我们不应该盲目乐观,更应当正视问题所在。大学生数量的提升是好事,但也可能在某些程度上导致质量的下降,从而加大大学生的差异化的培养难度,特别是类似法治意识这种多因素导向的特殊意识。当代大学生的法治意识可能在如下几个因素的作用下产生差异,导致法治意识在人群分布上的不平衡问题发生。

(1)地域。成长环境和中小学教育背景是法治意识形成的因素之一。有学者通过全国13所高校大学生的问卷调查,比对来自城市和乡村教育背景的大学生在各阶段问题中的答案发现,两者在初中、高中、大学阶段所受的法治教育都没有明显差别,而来自乡村背景的被调查者认为"小学"阶段受到的法治教育"都没"的比例比城市背景被调查者比例要高,认为在家庭中受到较为深刻法治教育的城市背景的学生比乡村背景的学生在比例上要高一些。这从侧面反映了城市学生获得的法治教育资源较乡村生源要多,城市生源的法治意识也因此强于乡村生源。

(2)专业背景。在调查中我们还发现非政法类高校和政法类高校之间也存在着一定的差别。被调查者在回答"在成长的各个阶段中,留下较深刻法治教育"这一问题时,非政法类高校学生的回答多为多选,而某政法大学的学生则倾向单选"大学"选项,对大学中的法治教育较为认可,从而淡化了别的阶段中的法治教育对自己的影响。但是学者的样本中仅有一所政法类高校,其他10所高校都是非政法类高校,而受时间和地域等限制无法研究更多高校,因此对这所大学的被调查者进行了回访和座谈,发现他们受学校环境影响,非法律直接相关专业的该校学生也一般会有司法考试准备经历,或多或少的接触法律课程,更多的是受到法治校园文化的影响。

政法类高校被调查者在回答与法治意识相关的问题的时候,表现出了更强的专业性。在询问"'正义'最关键的要素是什么?"这一问题时,61.2%的学生选择了"程序正义",而非政法类高校被调查者的回答则较为平均,展现出势均力敌的态势,其中"实体正义"31.2%、"程序正义"40.7%、"说不清"28.1%,说明不少同学对于部分法律事件还是更倾向于结果正义,受中国传统法律思维的影响较深,选择"实体正义"或者

"说不清",在本质上都是对结果正义的倾向。

而在遇到权利侵害后是否使用法律的意愿程度上,两者都表现出对法律较高的信任态度,尽管在深入程度上有所差别。在询问"您对权利受到侵害是否使用诉诸法律的态度是?"这一问题时,表示"用'一元诉讼'也要保障权利"的政法类高校被调查者有24.5%,而选择该选项的非政法类高校被调查者为11.5%,不过两类高校都有不少选择了"愿意用法律解决,法院判决有保障",其中政法类高校为61.2%,非政法类高校为67.3%。

3.权利、义务、责任意识的失衡

学生在面对维护自身权利时体现出来的法治意识,强于面对需要履行义务和承担责任时的法治意识。当代大学生的权利意识、义务意识、责任意识之间的冲突从大学生活中即能得到较充分的展现。在寝室生活中,寝室卫生打扫安排、公共区域的使用、晚间休息时间等一些小事也成为寝室矛盾的重灾区,当然这些问题可能更多的和生活习惯、情商等挂钩,但也从侧面反映了主体是独生子女群体的当代大学生存在的权利义务意识失衡问题。此外,对于学校不允许寝室使用违章电器的规定,并安排阿姨查寝室时将位于公共区域的违章电器收走的行为,不少同学仅主张自己使用相关电器的安全性,学校不应当触动自己的私人财物损害财产权以及翻查寝室物品侵犯了自己的隐私权等,却对寝室安全用电的防灾义务以及在灾害发生后的赔偿责任缺乏明确意识。

在当代大学生普遍较为关心的男女关系中,也表现出法治意识失衡的问题。在恋爱期间和恋爱关系破裂后对赠予财产的争执表明其对于自身行为的法律后果缺乏责任意识;而另一方面,当代大学生对自己个人权利的重视和维护均处于一个较高的水准,比如大学生在面对生活、学习、工作中产生的各种问题时,都会采取及时的维权措施,面对歧视不愿忍气吞声。在大学生群体权利受到侵犯时,会采取多种渠道和平台发声,维护自己的权利。有关部门和高校是否能及时回应学生的诉求以及回应的结果能否令学生满意,已成为高校舆情事件的核心因素。

在校园金融生活中,逐步凸显出大学生群体消费意识和法治观念的冲突。一方面,是校园贷事件导致部分大学生陷入艰难的境地,如信用破产、给家庭造成较大的经济危机,甚至导致自杀等。究其原因,除各种校园贷中存在的陷阱和骗术导致大学生无法准确甄别外,大学生本身的法治意识之差也是原因之一。首先,仅意识到自己借钱和消费的权利,完全没有考虑到还款的义务和违约的责任可能带来的危机和风险。其次,对于不正当的借款担保要求,在借钱需求的驱使下,满足了放贷者的不合理要求,忽视违约可能存在的巨大风险,间接纵容了违法犯罪行为;另一方面,对于合法的信用产品,当代大学生则显现出另外一种不同的情况。

例如,2017年5月,蚂蚁花呗发布了《2017年轻人消费生活报告》,该报告以1985—1999年出生的用户为样本,显示在中国近1.7亿"90后"中,超过4500万人开通了花呗,其中40%的"90后"将花呗作为支付宝首选的支付方式,近七成(69.41%)的花呗年轻用户都能做到不做"月光族",每月花销控制在授信额度的2/3以内,而从花呗透支后,"90后"按时还款的人数比例高达99%。该报告得出的结论是"成长在信用理念、信用应用不断普及下的'90后',对信用的认知和珍视程度也比'老一代'更强"。

上述案例说明,当代大学生已经掌握也非常愿意行使消费自己信用的权利,虽然对还款义务有一定的认识,也珍惜自己的信用义务,但面对违约的责任意识却不足,对于使用法律武器保护自己的意识和能力明显不足,对催债等犯罪行为没有清晰的后果认识和保护手段。2016年4月,教育部与银监会联合发布了《关于加强校园不良网络借贷风险防范和教育引导工作的通知》,及时遏制了相关风险继续扩大的可能。但是当代大学生更应该从根本上提升法治意识,以防不同类型的骗术造成新的危机。

4.应用范围的差异

当代大学生在面对不同信用金融产品时,针对可能出现的责任风险估计不够,导致犯罪分子有机可乘,但是在面对健康、规范的信用产品时则体现了对自己信用权利的极大维护,从而也反映出大学生法律意识存在应用范围上的差异,在不同事件中的反应大相径庭。这同大学生本身的特质和我国普法教育过程中重刑法轻民法、重处罚轻意识的特点有关。

对于刚脱离《未成年人保护法》规制范围的年轻大学生来说,对绝大部分其他法律知识的了解和掌握还存在较大的缺位。许多大学生即使是对《未成年人保护法》也不一定熟悉,而仅对《刑法》中类似刑事责任年龄大小等问题更为熟悉。《未成年人保护法》第二十一条中明确规定:学校、幼儿园、托儿所的教职员工应当尊重未成年人的人格尊严,不得对未成年人实施体罚、变相体罚或者其他侮辱人格尊严的行为;《义务教育法》第二十九条也明确:教师应当尊重学生的人格,不得歧视学生,不得对学生实施体罚、变相体罚或者其他侮辱人格尊严的行为,不得侵犯学生合法权益。虽然我国法律没有对家长、监护人"体罚"儿童的直接规定,但是《刑法》第二百六十条有对虐待罪的规定,同时如果家长的体罚严重损害儿童身心健康,则适用《民法总则》第三十六条关于撤销监护人资格的规定。

大学生对我国宪法的了解不足和信任缺失。宪法是我国的根本大法,是治国安邦的总章程,指导着中国特色社会主义法治体系的正常运作。对宪法的了解和信任也是法治意识的重要表现,对宪法的不了解和不信任是法治意识缺乏的体现,是法治意识培养不充分的体现。虽然大学生承认宪法作为根本大法应该时刻都在影响着自己的生活,但对我国宪法赋予公民的基本权利和义务并不熟悉,对大部分内容也并不了解,一部分学生也不认可宪法中部分内容的现实意义。在询问被调查大学生宪法与个人的关系时,有21.6%的被调查者认为"说不清""都是空话,不存在影响""没什么关系,因为宪法几乎进入不了我的个人生活"。在政法类高校的问卷统计中,这三个选项总和的比例达39.5%,高于平均水平。而对宪法内容的题目,尽管选项内容都取自于宪法,全选的大学生比例也仅为12.7%,情况不容乐观。而对于刑法、民法、劳动法、诉讼法等部门法,大学生表现出一定的信任,认为对除诉讼法外的部门法都有一般程度的认识,是可以"直接拿来用"的法律,也是最直观的法律。但事实上,大学生对于这些部门法的熟悉程度也不容乐观。

经过调查发现,某事件发生时,理论上的选择应对方式和实际发生时可能采取的措施有所出入。例如,针对校园里一直存在着的霸凌问题,在问题"如果您成为校园霸凌的受害者,身心受到较大的伤害,您会?[多选]"中,有9.9%的被调查者选择"忍耐,今后避免接触",有10.4%则选择"暂时忍耐,伺机报复",有71.9%会"向老师、家长寻求帮助",有78.5%的被调查者会"报警,或通过法律途径解决",看上去结果较为喜人。但根据中国人民大学统计调查协会设计调查发布的调查结果来看,在3万6千名被调查者中,有35.7%表示"我被人欺负过",20.3%则"被别人欺负过,也欺负过别人",38.2%的受访者观察到被霸凌者彻底放弃学业,30%的受访者观察到被霸凌者转学到其他学校。24.6%的受访者观察到被霸凌者短期不来上学。上述情况涉及霸凌者对自己的行为是否有所意识;被霸凌者在学习生活受到严重影响、升学情况受限的前提下是否能做到问卷中呈现的高比例的采取自我保护措施;大学生在面对霸凌现象发生时,是否会作为旁观者对被霸凌者伸出同样的援手。通过调查发现,填写过问卷的近五成被调查者认为自己没有成为过校园霸凌的目标,八成认为自己仅经历过类似被部分同学孤立等"常见"现象。

法治意识应当在个体遇到相关事件时,帮助其在法治框架内、全面而完整地运用法治思维方式解决问题,而不是如同大学生在现实和问卷中分别展现出来的一种"发挥"不稳定的法治意识,一种有偏见和缺失的法治意识。

(二)大学生的法律知识现状及其问题

在法治素养的内容中,法律意识和法律知识之间的关系是相互促进的。法律意识的形成会督促一个人更有意识地去掌握法律知识并尽可能地完善自己的法律知识体系和应用法律知识的能力;同时法律知识的掌握和完善也会强化一个人法治意识的敏感性,即一个人在社会生活中遇到问题时能迅速甚至会下意识地产生法治意识。两者的相互促进对于一个人的法治素养的提高自然会产生积极的作用。

不过,相对于法治意识,法律知识是法治素养中更为复杂的要素。法治意识和法律知识在法治素养中的关系首先是一个层次递进的关系,意即法治意识处于低阶位,而法律知识的阶位要更高一些。这是因为,一个具有法治意识的人,不一定具有比较完备的法律知识,但是一个具有比较完备法律知识的人,其法治意识一般会更强。然而,在现代社会中,几乎所有的领域都处于法律的规范之中,法律内容的专业性也越来越强,现代社会中不断出现的各种新业态、新现象也不断催生新的法律产生。所有人包括专门从事法律工作的法律从业人员的专业领域正越来越细化。

在这样的一种复杂态势下,当代大学生相对于快速发展的社会在法律知识素养方面凸显出重大缺陷,大学生群体的法律知识素养提升显示出极强的紧迫性。更为具体地,当代大学生的法律知识素养呈现出以下几个特点:

1.法律基础知识存在一定程度的缺陷

(1)对宪法知识的欠缺。当代大学生对宪法本身的认知不够,对宪法内容的了解不完整,导致其法治意识的不全面,从而进一步使大学生的法律知识从根本大法开始产生缺陷，对权利、义务、责任的认知产生不成熟的表现，其判断更容易受"道德""情感"的影响，失去法治应有之义。

（2）法律基本原则的欠缺。大学生如果对法律本身不熟悉，可以通过相关法条的查阅、解读进行弥补，但是如果对一些法律基本原则也不了解，则会失去基本的判断力。对法律相关原则的普及，可以快速有效地让大学生群体对相关法律的精神及其调整对象等有一个初步的印象，即使没有法条，也可以通过对基本原则的了解来进行初步的判断，如《民法》中的平等原则、诚实信用原则、自愿原则、公序良俗原则等，使用这些基本原则，可以对生活中的很多领域起到规范作用。又比如《刑法》基本原则中的罪刑相适应原则，罪刑法定原则等，虽然看似离生活较远，但是可以使大学生对一些法治舆情事件做出冷静的判断和理性的思考，进一步参照法律中的规定，而不是简单地按照是否符合自己的价值观念进行判断。

（3）欠缺对中国特色社会主义法治理论的了解。一般网民在讨论我国法治建设情况时，通常会对比国外法治国家的相关法律，不少大学生也易受此影响，产生一定的动摇。当然，一定程度上的对比和学习可以促进我国法治的进步，但作者也认为经过多年的努力，无论是法学理论或是法律本身，我国都取得了看得见的巨大进步。此外，《中共中央关于全面推进依法治国若干重大问题的决定》已经为中国法治理论建设的基础性、根本性问题定下了总基调，即："坚持党的领导，坚持人民主体地位，坚持法律面前人人平等，坚持依法治国与以德治国相结合，坚持从中国实际出发"，当代大学生应当对中国特色社会主义法治理论有初步的了解,持有信心,共建法治国家、法治社会。

2.对与自身密切相关的法律知识的掌握还存在严重不足

从现实来看,当代大学生即使有法治意识,但是由于相关法律知识的不足使其不能正确地界定和掌握自身行为的合法与非法界限,界定和掌握自身权利如何进行合法的维护。当代大学生尚在象牙塔中学习,但在当今高速运转的信息化社会中,大部分大学生都较早地通过社会实践、志愿者活动、实习兼职等方式接触到了社会,简单初步的法治意识已不能满足大学生踏足社会所需要的自我保护要求。除了《民法总则》《刑法》等一般法律,还要根据所处的实际,有意识、有计划地学习如《合同法》《劳动法》《劳动合同法》《道路交通安全法》《著作权法》《消费者权益保护法》等法律,主动获取有效自我保护,对相关的可能出现的权益侵犯有第一时间的认识,而不是事后弥补、寻求赔偿等。

3.对在新业态中如何维护自身权益缺乏相应法律知识

社会的进步、科技的发展带来很多新生事物,作为社会领先群体之一的大学生也应当及时提高对新出现领域可能带来的风险的防范意识。在层出不穷的电信诈骗中,大学生也是主要的受害群体之一,甚至出现了因为受到诈骗而自杀的悲剧。而在各种类型的网络游戏中,大学生的参与程度极高,但是受限于对相关领域法律知识的欠缺,这些学生在购买游戏产品或者相关的服务的同时,也经常陷入到合同履行、侵权的民事纠纷中,还有的或者作为受害人或者作为犯罪嫌疑人陷入到诈骗、盗窃等犯罪行为中。除此以外,在各种各类新潮的业态中,如共享单车的使用、拼车服务、智能服务、新型网络支付、代购、陪游等新出现的服务业态中,大学生作为最先参与其中的一份子,往往由于对相关的法律知识缺乏正确认知,而遭受各种损失。

(三)大学生的法治信仰现状及其问题

在作者的调研和座谈过程中,发现大学生群体面临的法律信仰问题包括对法律本身的迟疑、对我国法治建设的不认可以及对法治社会的重视程度较低。其中,对法律本身的迟疑主要表现在对法律是否能切实发挥效果以及对公、检、法等权力机关的权力使用的不信任,这部分同学是少数的,但也是最愿意发表自己的意见和看法的。第二类,对我国法治建设的不认可表现为对我国法治建设的成果不了解,对我国法治社会建设的进程感受较少,特别是当社会法治舆情事件和一些负面消息出现时,受影响的程度较大。第三类,则是被访的大学生群体,当问到更愿意生活在怎样一个社会中时,回答"充满公德心"(45.2%)和"有良心"(19.5%)的同学高于"不犯法"(30.3%);另一方面,当让大学生对金钱社会、道德社会和法治社会排序时,认为金钱社会最重要的有20.7%,认为德治社会最重要的有32.8%,认为法治社会最重要的不足半数。同样,在问到同学们对发生在自己身上的什么事最感到恐惧的时候,有32.9%认为自己良心受到谴责,4.4%认为是自己学习、工作不好,有9.5%认为是自己没钱花,51.2%认为是自己犯罪。通过上述问题,可以发现大学生对法治、道德和金钱的迷茫,作为受到高等教育的大学生群体尚有此疑惑,那广大青少年的情况更是个难以预估的未知数。大学生群体并未产生超越其他因素的对法治的信仰且更认同法治社会所需要的经济基础(包括社会和个人两个方面),并对自我道德的要求很高,这都是在对大学生进行法治素养培养时需要考虑的。在法治素养的内容体系中,法律信仰属于最高位阶。

不过,对法律的"信"还是有层次之分的。低层次上的"信",可能建立在来自外部的简单灌输,比如一个尚未对法律有过接触的小孩被父母、老师这样一些对他(她)来说具有权威性的成年人告知必须要相信法律,相信公平正义,因而对法律产生了纯洁的信任感。而当这个孩子被告知法律还赋予其某些权利时,他(她)也会在这些权利被侵犯的时候自然而然地想到法律而希望维护自己的权益。

但是,这种低层次的对法律的信仰极容易在碰到各种复杂的社会环境的负面影响下,使得这个孩子在成长的过程中弱化甚至丧失对法律的信仰。在这种情形下,对法律的内容的认识和法律功能的认识的加深,是促使这个孩子重新建立其对法律建立信任感的重要途径。显然,我们看到,以上所描述的过程,从辩证法的角度看,经历了一个从肯定到否定再到否定之否定的过程,而建立真正意义上的对法律的信仰一般来说是需要经历这样一个过程的。

通过这样一个过程的描述,我们显然能够意识到,更高层次上的法律的信仰是建立在法律意识和法律知识的大量累积的基础上的,是建立在学校的课堂教育和社会经验累积的基础上的。法国思想家卢梭曾说:"一切法律中最重要的法律,既不是刻在大理石上,也不是刻在铜表上,而是铭刻在公民的内心里,它形成国家的真正宪法,它每天都在获得新的为量,当其他法律衰老或消亡的时候,它可以复活那些法律或代替那些法律,它可以保持一个民族的精神。"

因此,真正的法治是刻在人民心里的,法治的实现需要国家努力将法治观念、法治精神和法治理念熔铸到人们的内心里,外显于人们的行为上。这是一个良好法治社会的最优标准,也是一个法治社会公民的最佳素养。以此为标准,观察我国大学生的法律信仰,就会发现在这一方面,我们距离理想的状态尚存在着很大的差距,这种差距就体现在大学生对法律的信仰程度仍停留在低层次上的信仰之上。

二、大学生的法治教育

大学生的法治教育在中国特色社会主义法治进程中占有相当重要的地位,经过了多年的发展,大学生法治教育日渐走上正轨,积累了丰富的经验,取得了显著的成果,主要表现在以下方面:

(一)法治教育得到重视

国家方面,多年来政府不断加强对大学生法治教育的重视程度。从1985年起,全国人民代表大会常务委员会先后通过了六个普法决定,一直把青少年的法治教育作为普法教育工作中的重要内容,并与时俱进为大学生法治教育制定了科学的发展路线。2016年7月,教育部印发《全国教育系统开展法治宣传教育的第七个五年规划(2016—2020年)》,为深入实施《国家中长期教育改革和发展规划纲要(2010—2020年)》提出的普法教育要求,要进一步提升教育系统广大师生员工的法治观念和法律素养,切实做好教育系统第七个五年法治宣传教育工作。

在实际工作中要坚持围绕中心,服务大局;坚持分类指导,突出重点,针对青少年学生、校长、教师以及教育行政机关工作人员各自的群体特点,确定法治宣传教育的目标、内容、方式和途径,全面落实培养社会主义合格公民的目标和任务,将青少年学生的法治教育作为重中之重;坚持普治并举,促进改革;坚持以人为本,注重实效;坚持与时俱进,开拓创新。教育行政部门推进法治宣传教育的规范化、制度化,开展依法治教示范机关创建活动,健全法治教育的工作体制与保障机制,为大学生法治教育奠定坚实的基础与后盾。

学校方面,各高校积极响应国家政策方针,加强大学生思想政治教育的同时进一步加强对大学生法治教育的关注程度,坚持健全完善学校法治教育的目标、体系与实施机制,做好大学生法治教育重要的一环。近年来各高校进一步明确了对高等学校非法学专业大学生法学理论、法律知识的教学要求;重视法律基础课的教学工作,开展以提高法律素质、培养社会主义法治理念为主的课堂教学改革,提高课堂教学效果,促进精品课程的涌现;同时逐步将社会主义法治理念、法律知识纳入对学生知识和综合素质考察的范畴,在入学考试中适当增加反映社会主义法治理念和宪法知识、基本法律原则及常识的内容;重视开展法治教育,引导学生树立法治理念、关注社会法治实践。

社会方面,全社会在固定的普法宣传教育之外注重新形式法治教育的拓展,传统媒体中法治节目已经成为一个非常普及的节目类型。中央电视台"社会与法频道"的开播,更加有力地提升了法治节目的权威性和受众关注度。法治节目的题材转向非传统的、具有典型冲突对立的案例,通过反映人性、民生的百姓故事,来表达百姓的利益诉求。纸质媒体也提出了"理性、正义、爱心、良知"的口号,强调要尽量克服过去做大案要案报道时存在的"道德评判"倾向,强调报道的宏观背景解读、前瞻性分析,主张理性的新闻宗旨对法治教育产生了重要影响。同时社会各界都开始关注中国法治教育宣传受众的变化,努力使法治教育受众从被动转向主动,从单一诉求转向多元期待。

而与我们大学生联系最密切的家庭方面也对大学生的法治教育表现出了充分的重视。通过调查,不少学生家长都表示孩子应该学习掌握必备的法律常识,支持大学生法治教育,大部分家长表示在生活中会特意关注法治节目,引导孩子学习相关法律知识。

(二)大学生法治教育取得的成效

1.学法意识稳步提升

大多数大学生对法治教育的重视程度提高,认同法律在生活和学习中的重要作用。随着大学生思想政治教育与法治教育的结合开展,许多学生对开展与深化大学生法治教育表示认可与接受,并希望通过课程学习获得掌握一定的法律知识和技能。作者在大学随机采访中发现,大部分学生表示,如果学校定期举办相关的法律讲座或者对一些经典案例或在社会上影响较大的案件进行分析教育、法庭模拟,会促使更多人去了解和学习法律知识。根据调查结果推断,大部分学生内心是愿意学习法律知识与技能的,大学生对于法治教育有一个较为积极的、端正的态度。甚至有同学建议"希望学校开展相关法治教育活动,普及与大学生相关的法律常识"。由此可见,大学生学习法律的兴趣越来越浓厚,学法意识稳步提升,对学校法治教育的期待也是越来越高。

2.法律知识水平有所提高

随着学校法律基础教育和社会法治宣传教育的不断发展与深化,大学生学法意识的稳步提升,现阶段大学生法律知识水平较以往有所提高,已经基本普及法律常识,对和我们生活关系较密切的一些法律,如对《民法》和《刑法》有了一定的了解。一方面因为学生对这部分比较感兴趣;另一方面也是因为很多老师都将《民法》和《刑法》作为法律基础课程讲解的重点。在受访的大学生中绝大部分都对生活中经常出现的一些经济纠纷及相关的法律规定、解决流程等的一些基本知识有一定了解,如在商店购买到假冒伪劣产品后可采取的维权手段,消费者权益保护热线,与朋友同学发生物品纠纷应注意的问题等。对刑事案件中的一些常用名词也有了一些初步的了解,这些都是我们大学生法治教育成果的表现。

3.用法意识有所提高

从前文的调查分析中我们可以看到,随着大学生法律基础知识水平的提高,大学生心智趋于成熟,多数大学生认同法治,能够清醒地意识到法律在生活、工作乃至学习中的重要性,并掌握了一定的法律常识,理解法律赋予我们自身的权利与义务,懂得在受到不公待遇时应如何去做,这有助于大学生维权意识、民主意识、用法意识的相应提升。在受访的大学生中有2/3的学生认为在自身权益受到侵害或遭受不公平待遇时应主动寻求法律帮助,运用法律武器去维护自身合法权益,有近1/3的学生选择求助家人朋友,另有小部分学生选择忍气吞声或其他。有约1/5的学生表示,在接触新事物或不明白的状况时会考虑去查询相关的法律、案例,明确双方的权利与义务及可能发生的纠纷,为接下来的工作和生活做好准备。由此可见,大学生运用法律的意识和习惯已经渐渐形成。

三、大学生法治教育存在的不足

我国针对大学生的法治教育在经历了多年的发展后取得了喜人的成果,但近年来频发的大学生违法问题同样也暴露出我们大学生法治教育中许多不容忽视的问题。大到违法犯罪,小到违反交通信号指示灯,多起违反国家相关法律法规的案件向我们敲响了警钟,本应是天之骄子的大学生为什么会做出这样的行为?其反映了我国的大学生法治教育中存在的问题与不足。

党的十八届四中全会做出了《中共中央关于全面推进依法治国若干重大问题的决定》并对全面依法治国做出总部署,习近平总书记在党的十九大报告中明确提出"法治素养"一词。"法治素养"从完整意义上来说应是"公民的法治素养",其核心为"法治"。先秦时期的政治学家就已经主张以法治国,如今的"法治"是指在民主的前提下,尊崇法律至上,依法治国的一种理念和手段。"法治素养"是指公民通过学习、训练和实践后,对法治含义的理解、对国家法律价值的取向、法律制度的认识以及对国家法律制度所持有的态度和信念,概而言之,即法治意识、法律知识和法治信仰。

当代中国青年就读大学时正好处于18～20岁年龄段,而这个年龄段的青年人在心理、知识、经验等各方面都处于养成阶段,这个养成阶段的总特征就是形成了一些初步的朦胧的观念,但这些观念并不清晰,极容易发生变化,处于不稳定状态。就大学生的法治素养而言,存在以下不足之处:

(一)法律意识有所欠缺

周恩来同志在《抗战军队工作》中指出,思想政治教育的关键在于以耐心说服和诱导的方式帮助民众建立信仰。而信仰就源自于人们内心对某种事物或某人的尊敬与崇拜意识,建立信仰后人们会自觉地将之奉为自己的行为指南与榜样,自发地去学习、去遵守。法律意识代表了法律在人们心目中的地位,法律意识的建立是大学生自觉进行法律知识学习的前提,能够促使大学生在生活、学习与工作中自觉地以法律规范要求自己,能够极大地促进大学生法治教育实际效果的提高。培养全体大学生的法律意识、彻底消除法盲是我国大学生法治教育的首要目标。

现阶段存在的大学生法律意识不强问题是影响我国大学生法治教育成效的重要因素。它主要体现在两个方面:一是极少部分大学生还不能正确认识法律的地位,不理解法律在生活、学习与工作中的重要作用。法律意识的薄弱直接影响了大学生接受法治教育的积极性,阻碍了法律信仰的建立。二是多数大学生虽然认识到了法律的重要性,但却没有自发地、主动地去了解法律、学习法律。在"在法律课程之外,你是否有主动去了解、学习法律"这个问题中,多数学生表示,在课堂之外从来没有主动地、刻意地去学习过相关法律知识,学习渠道的压缩与单一化直接对大学生法律知识水平的提高产生了不利的影响。

(二)法律知识总体水平还相对落后

一定程度的法律知识是我们大学生培养自身社会主义法治观念和运用社会主义法律维护自身合法权益的基础。当前我国大学生的法律知识水平较以往虽然有了一定程度的提高,但总体水平仍相对落后。近年来,法律意识的缺失使绝大部分的大学生认识到法律在我们学习、生活和工作中的重要作用,也表现出了对一些法律的兴趣,但却很少有非法学专业的大学生会刻意去学习和掌握法律。另外,大多数学生都比较关心和我们经济生活关系密切的一些法律规范,如《民法》《经济法》,而对我国法律的法理及其他法律如《宪法》《刑法》这些重要的部分却缺乏相应的重视。从调查中就可以看出一些端倪,虽然现阶段我国大学生的法律知识水平较之前些年有所提高,法律常识可以说是已经基本普及,但总体水平仍达不到要求,在一些重要方面甚至存在漏洞和空白,达不到保护自己的程度。

而法律知识的欠缺最终也就导致了很多时候学生们没有能力去判断或者说预见生活中自己或他人一些行为的合法性和违法性,失去正确的引导,从而出现一些严重的违法犯罪案件,甚至于违法而不自知。很多学生对与自己工作、生活关系密切的法律法规都存在认识模糊不清的情况,他们在离开学校独自面对社会的时候更容易遭受欺骗和不法侵害。此外,对法律知识的不了解也在相当程度上影响了学生们用法能力的提升。在自身和他人权益受到不法侵害时,由于不懂法、不了解相关法律规定而很容易出现底气不足、迷茫等心理状态,导致他们不能够快速正确地采取相应措施,如保护证据资料、咨询法律工作者等,影响日后维权。而有的学生甚至会选择忍气吞声,采取自认倒霉或诉诸暴力等消极对待手段,一定程度上助长了违法犯罪分子的嚣张气焰,如在随机采访中很多学生都表示,在求职过程中若遭遇不公正的待遇只要不是太过分就会选择忍气吞声,甚至遭遇无故辞退都会委屈接受,其中一个重要的原因就是他们不了解相关的法律法规,不能确定他们经历的这些状况是否涉嫌违法。

(三)知行不统一

法律意识和法律知识水平方面的欠缺,直接导致了现阶段我国大学生在法律方面"知行不统一"的问题。他们多数人都非常认同我国的社会主义法治,也能够意识到法律在学习、工作、生活等各个方面的重要性,并且已经具备了一定程度的法律意识,但当他们遇到一些问题或者情况需要做出选择时,意识与行为却出现了极大的反差与矛盾。这些矛盾主要表现在日常的工作、学习、生活中他们对法律的"知而不行""学而不用"。在作者随机对大学生进行的问卷调查中,关于"行人闯红灯是否属于违法行为"这一问题,参与的100名学生中,有76名学生选择"是",只有24名学生表示不太清楚;但与之形成强烈反差的是在"你是否曾经违反交通信号指示灯"这个问题上全部100名学生都选择了"是";在"现在你骑自行车是否会在晚上或无人时闯红灯"这个问题上有52名学生选择了"是",32名学生选择"不一定、视情况而定",只有16名学生选择"否,会严格遵守交通法规"。这些就是典型的"知而不行",大家即使明了自身行为是否合法,但还是会基于各种各样的原因不完全按照法律的要求去做,没有形成与其法律知识水平相对应的守法自觉性,法治观念较弱。

同样的,以我们生活中经常发生的情况为例,绝大多数的学生都清楚,遇到假冒伪劣产品后应该怎么做,可以用哪些手段去维权,但在另一问题"去商店购买到假冒伪劣产品,在交涉无果的情况下,有没有尝试过通过法律手段去维权"中,有70名学生选择了"否",超过2/3的比例。"学而不用"已经不是少数人、小范围的现象,多数学生都没有形成法律习惯。他们一方面没有将法律作为自己的行为准绳;另一方面在日常生活中习惯性地以其他手段而不是法律手段来解决问题,维护自身合法权益。"知行不统一"的问题已经成为影响我国大学生法治教育成效的关键之一,关乎我们的大学生法治教育最终能否落到实处。

第二节 影响大学生法治教育的主要因素

本节从社会环境、家庭和社区、学校以及大学生个体特征这四个方面对影响新形势下大学生法治教育的主要因素进行分析。

一、社会大环境的影响

当前,社会生活正在发生日新月异的变化,经济的全球化、多种所有制经济利益分配格局的调整、生活方式的改变以及两种社会制度的对抗方式发生变化等,都必然会在当代中国的现实生活中造成观念的多样化。

(一)全球化的影响

全球化趋势不可逆转,它对世界经济、政治、文化的影响必将是深刻而巨大的。全球化将会带来国内法律制度的变革,也必将引起我国原有法律观念与意识的更新。全球化尤其是经济全球化,已经使得各国人民间的往来日益频繁,跨国法律问题日益凸显,要想在日益残酷的国际经济、政治、文化竞争中立于不败之地,就必须具备现代国际公法、国际贸易、国际金融、国际投资、国际知识产权和国际诉讼、仲裁等方面的法律知识,进而形成现代国际法律意识。如果缺乏完备的现代国际法律知识与现代国际法律意识,不论是政府还是市场微观主体,都将在国际政治、经济决策和诸多的国际活动中寸步难行。

全球化背景下,树立现代国际法律意识,将是当前我国社会现代法律意识内涵重构的新内容与新要求。全球化背景下我国社会现代法律意识的构建与培育对于奠定现代法治社会的观念与心理基础,对促进我国的法治化进程,都将具有十分重要的理论与现实意义。因此,全球化使得现代国际法律意识成为大学生法治教育的重要组成部分。

(二)市场化的影响

经济结构的转型是一种新的经济体制对传统经济体制的否定的过程,在这一过程中,法律意识也会发生变化。经济结构的变革必然导致旧的社会法权关系不再能够适应新的社会经济结构的要求,而发生相应的结构性调整。推动当代中国法治建设和构建现代法律意识的最深厚动力来自于我国社会内部存在着的处于变化状态中的经济基础,来自于改革开放以及社会主义市场经济体制的建立与发展。市场经济的形成以及随之出现的经济结构的转型决定了法律意识的变迁,这是经济基础决定法律意识的具体体现。

在市场经济条件下,多种所有制形式并存,利益主体的多元化和分配形式的多样化给人们之间和不同地区之间带来分配收入的差距悬殊,在不同利益主体间存在着巨大的空隙、漏洞、差别和矛盾,导致分配不公、贫富分化、利益矛盾的发生,同时容易造成人们心理的失衡,引发各种社会矛盾和冲突。在这样的经济环境下,一些大学生心理失衡,价值观念出现了个人化、个性化倾向。同时,市场经济的货币化也极易使人们产生拜金主义,一些大学生经不住诱惑,甚至丧失理智,不择手段地去追求物质享受和奢侈的生活,有的最终导致了犯罪。市场化过程中的一系列社会问题,对法治教育工作提出了新的挑战。

(三)信息化的影响

信息化是充分利用信息技术,开发利用信息资源,促进信息交流和知识共享,提高经济增长质量,推动经济社会发展转型的历史进程。20世纪90年代以来,信息技术不断创新,信息产业持续发展,信息网络广泛普及,信息化成为全球经济社会发展的显著特征,并逐步向一场全方位的社会变革演进。进入21世纪,信息化对经济社会发展的影响更加深刻。信息化是当今世界发展的大趋势,是推动经济社会变革的重要力量,大力推进信息化,是覆盖我国现代化建设全局的战略举措,是贯彻落实社会主义核心价值观、全面建设小康社会、构建社会主义和谐社会和建设创新型国家的迫切需要和必然选择。

信息化的到来有其正面的意义,但如不能正确引导也将导致新的问题出现。例如,信息化使得信息过多过杂,从而导致网络犯罪增多。大学生自由使用网络,网络信息爆炸使大学生有机会接触更为多元化的思想。

(四)法治化的影响

在新形势下,构成中国特色社会主义法律体系的各个法律部门已经齐全,每个法律部门中主要的法律已经基本制定出来,以宪法为核心的中国特色社会主义法律体系初步形成,依法治国已取得重大成就。中国的法治建设走了一条由简单到成熟、循序渐进的发展之路,在原则性与灵活性中寻求有机平衡。近十年的法治建设至少取得了三个方面的突破性进展：一是法治理念日趋完善。二是法律体系更加完善。三是执政方式进一步完善。依法执政标志着中国共产党的执政方式开始从主要依政策执政向主要依法律执政转变，向依法治国、建设社会主义法治国家转变。法治社会已经初步形成，随着法律体系的不断完善，法治社会化要求我们为法治教育提供一个良性的发展环境，对我们大学生的法治教育也就提出了新的更高的要求，要求在新形势下培养的人才具备更加完善的法律知识，更好地适应新形势下的发展要求[①]。

二、高校教育的影响

近十年来，随着社会转型和我国高等教育体制改革的深入发展，高校较20世纪80年代已发生了翻天覆地的变化，对大学生法治教育产生了重要影响，具体体现在以下四方面：

（一）知识传授与素质教育的分离

目前绝大部分高校的法治教育主要依托设置"思想道德修养与法律基础"课程来完成。现在"法律基础"已与"思想道德修养"合并，以专章体现法律观、法律人格教育，但从内容含量来看，法治教育在形式上有弱化趋向，这为法治教育目标的实现增加了难度，也对担任基础课的教师的素质提出了更高要求。而现行法律教学情况是，讲授者由于课堂时间、教材内容以及自身修养等方面的原因，普遍存在着偏重于法律知识的传授和法律条文的解释，忽视通过多种形式对大学生进行法

---

① 刘晓东. 论大学生法治意识的影响因素及创新路径[J]. 改革与开放，2017(19)：51-52.

律素质培养的倾向,影响了现代法律中人文精神的弘扬。这种教育方式没有真正贯彻国家对大学生法治教育重素质教育的要求,对大学生法治教育的实际效果有一定的影响。

(二)权利意识和义务观念错位

从教育学角度讲,法治教育的天职就是培育现代法治观念。一般来说,"自由""公正"和"法律至上"为现代法治观念的三大支柱。其中,法律至上是法治的前提,公正是法治的精髓,自由是法治的核心。法治的公正取决于个人自由的满足程度,人们服从法律是因为基于自由的需要,也正是因为法律能体现自由并保障自由才有获得了"至上性"的可能。权利是法律所保障的自由的外化载体,也就是说,法定的自由度是通过权利来具体表达的。所以,法治构建的途径一般都是限制政府权力来获取个人权利。基于法治化起点或法治化进程的社会条件,激活人们的权利追求意识才是法治教育的应当目的。

在法治教育实践中,受传统教育的教育者强势主体地位和义务本位观影响,高校法治教育出现重法律的惩戒性和义务性,轻法律的保护性和权利性教育的倾向。这种教育淡化了法的社会功能,使法律的工具性价值被强化,部分学生心里形成的只是"要守法,不要违法,否则就要受到法律处罚"的观念。因此大学生被动、消极学法,严重影响大学生的主体权利意识的确立。而主体权利意识缺乏,将使法律丧失其存在的价值,大学生会降低对法律的需求,一旦失去这种内在需求,法治教育的根本——法律信仰确立和道德素质的提升很难实现。

(三)高校法律教学形式单一

高校法律教学往往课程教学形式单一,理论与实际相脱节,缺乏趣味性和吸引力。通过调查显示,有相当一部分同学对课程的讲授没有兴趣,即使是听讲的学生,对教学的内容印象也不深刻,还有相当一部分学生学习法律仅是为了应付考试。这都使高校法律教学不能起到真正主渠道作用。调查显示大学生对传统的课堂教学、专题讲座等方式较为排斥,大部分大学生认为自己通过其他途径了解的法律知识比从课堂上了解的要多,他们比较认同的是在生动、直观的实践活动及电视新闻、网络等方式中感受和领悟如何遵守法律法规,从而获取相关的法律基本知识。

(四)学校环境教育不佳

学校是学生学习、生活的主要场所,学校的教育思想、学生的课余时间安排、教师的言传身教、学校的行政作为是否偏差,会直接影响到学生的行为习惯,间接导致学生不良行为的发生。"学高为师,身正为范",教师就是学生的形象楷模。部分学校朝令夕改,不严格执行自己制定的各项规章制度,对自己有利就执行,对自己无利则拒不兑现。部分老师也没有做到为人师表,在日常生活和处事中也表现出法律意识的淡薄,综合素养不高,不讲诚信,推崇权力。长此以往,将使学生养成法律对自己有利的就遵守,对自己不利的就可以不遵守的坏习惯,无法有效培养其法律信仰和法律意识。

三、家庭及社区环境的影响

家庭与社区决定了大学生与父母、社区成员间不可分割的血缘关系和共同存在的生活环境、文化氛围、身份地位认同等因素。尽管大学生进入高校以后独立性有所发展,与家庭和社区的关系趋向弱化,但由于几千年来我国传统的家庭观念的影响,特别是我国大学生经济自主能力的缺乏,普遍存在着大学生对家庭的经济依靠和情感依赖。此外,自幼形成的社区文化认同、生活习性也会对大学生价值观的形成和发展产生深远的影响。家庭和社区对大学生法治观的影响就是对原有社会地位及其基础上法治观的承袭,再经过社会化的作用,促使其新法治观的生成、发展和变迁。在这个意义上,家庭和社区是影响大学生法治观念形成的基本因素和启蒙因素。

(一)家庭的影响

家庭是社会的细胞,也是人类生活中最基本、最重要的一种制度。家庭对于个人而言,是人社会化的最初起点。随着社会转型,当代大多数大学生成长的家庭有以下特点:首先,家庭的规模缩小。家庭的小型化使得家庭关系变得简单,传统的"家长制"作用不明显,家庭成员沟通顺畅,家庭决策比较民主。其次,家庭的功能全面。具体表现在家庭的消费功能追求质量化,养育功能更趋理性化,精神生活功能日趋情感化,教育功能更富事业化。最后,当代大学生在家庭中的地位"突出",主要是独生子女的"自我中心"现象。这些变化在大学生法治观念上的反映是直接而明显的,并且使得家庭价值观对大学生法治观念的形成具有更为强大的导向功能。可以预见,在一定的时间内,随着市场经济的完善,家庭所承载的社会化功能对大学生法治观的影响将越来越稳定和显著。

(二)社区的影响

社区是指居住在某一地域里的有一种认同感的人们所结成的多种社会关系、从事社会活动所构成的社会生活的共同体。其构成要素主要包括:一定数量的人(主体),一定的地域(载体),独特的文化和制度(标识),一定的凝聚力(认同感),一套相对完备的设施(依托)。不同的社区组成,决定了不同的职业构成、文化背景、生活习性、风俗习惯等,这些都对生活于其中的人的观念产生潜移默化的影响。近年来,随着社会转型,刚刚进入人们视线的社区在我国也面临着新的变迁。社区建设在城市化进程中方兴未艾,正从局部走向整体,从传统走向现代、从他律走向自律,具体表现在以下几方面:首先,随着信息社会的来临,原本封闭的社区结构被打破,社区间的有形和无形的壁垒随着人口流动、信息交换的频繁而逐步消解,使得社区结构开放,社区文化也越来越趋同。其次,社区成员的身份、职业结构越来越复杂,异质性显著,邻里关系淡化,社会交往的对象、途径、方式、目的都发生了变化,这使得社区价值观越来越多元化,大学生生活于其中,其价值取向和行为取向不可避免要受其影响。最后,随着社区的建设和发展,社区作为基层组织,无论在社区内部关系处理上,还是在社会整合功能的发挥上都日益发挥着越来越重要的作用。所有这些,也必然对大学生的思想行为、法治观念带来影响。在特定的时空中,由于个人在社会关系构成中所拥有的身份、声望、财富间的差别,决定了人与人之间的社会地位的差别。这种社会地位对于大学生来说,先赋居多,自致较少,无论是先赋的还是自致的,都促使大学生在社会化过程中努力去获得新的更高的社会地位。

四、大学生个体因素的影响

现代心理学把人格理解为心理特征的整合统一体,是一个相对稳定的结构组织,是在不同时空背景下影响人的外显和内隐行为模式的心理特征。人格(个性)一般可分为个性倾向性和个性心理特征。个性倾向性主要包括需要、动机、兴趣、理想、信念等,个性心理特征主要包括气质、性格、能力。气质和性格是个性当中比较稳定的因素,表明一个人的典型心理活动和行为,性格如何、气质怎样,对大学生价值观的形成发挥着持续和显而易见的作用。尽管社会性因素对大学生价值观产生了深刻影响,但它们并不直接决定大学生的价值观,必须通过大学生自身心理活动的折射才会发生作用。影响大学生法律素质的主体性因素是由主体内部产生的,其中与自我意识密切关联的影响因素,包括个性、能力、价值取向等,是左右大学生法律素质的内在因素。

(一)大学生个体的基本特征

1.生理与心理逐渐成熟

目前,在校大学生均属于17～23岁的青年,正处于心理和生理的发育期,世界观、意志、性格正在形成中,但还不稳定。由于大学生的身心发展并未完全成熟,思想比较单纯,当他们面对错综复杂的社会矛盾时,缺乏正确的认识能力,行为上具有很大的动荡性,在处理学习、工作、社交、友谊、爱情以及个人与集体的关系时,常会从一个极端走向另一个极端。这一心理特征使得有些大学生遇事盲从,易于冲动,往往导致违法犯罪行为的发生。多数学生对社会法律现象的认识往往是通过自己在社会生活中的亲身感受得到的,用自己内心确认的道德观念来评价是非,从而推及整个法律体系是否合理,因而难免带有片面性,其法律意识和法律行为也就表现出一定的幼稚性、暂时性和不稳定性。

2.具有完全的法律行为能力

大学生是文化知识程度较高的群体。他们具有文化素质高,知识面广、思维活跃等特点,换言之,均为具备完全行为能力的一个群体,他们能够在同龄人中表现出较为成熟理性的处世态度。同时,他们容易接受和创造新事物,不墨守成规,对社会也表现出极大的关注和热情,这样的年轻人同样具有不稳定性,自身思想并不成熟,因此极易引发偏激的社会行为。

3.脱离家庭的密切监督

进入大学以后,大学生脱离家庭的视线。家庭对于大学生的影响逐渐减少,大学生具有了很高的自由度。由于自我意识的发展和强化,他们的独立性增强,渴望自主,对成人社会的干预表现出逆反心理。他们不愿被动地接受传统的既定价值标准,而力图通过自己的思考和判断,选择合乎自己意愿的生活方式。

4.大学生法律素质存在明显的差异化特征

首先,地区城乡之间的差异性。由于经济发展的不平衡及生活方式的不同,来自不同地区的大学生在法律意识上亦有差异。其次,男生与女生之间的差异性。由于男女生有着各自的生理、心理发展规律,其关注问题的方向和角度也各不相同,在对法律的知识需求和对待法律的态度上也表现出一定的差异性。最后,不同年级之间大学生的法律素质也具有差异性。虽然,大学生法律意识的发展保持着一致性,但是,由于大学生在学校的成长发展过程中,因不同阶段获取的知识量不同,尤其是对法律知识的获取量不同,因而,其在不同的年级段表现出不同的法律意识发展水平。

(二)大学生个体出现的新特点

1.独生子女较多

长期以来,我国实行的都是"计划生育"政策,使得我国成为世界上独生子女最多的国家。随着时间的推移,独生子女在高校中的比重逐渐加大,已经占到了高校学生人数的45%以上,这样一个群体的产生,给我国的高校教育带来了一系列新的问题。

2."90、00后"大学生的特点

"90、00后"的新一代大学生的成长过程精神、物质条件双重优越,大部分的学生产生了优越感。太强的依赖心理导致其进入大学后不能独立,从而产生了对家长的依赖性,对自我的肯定程度降低,自身情绪波动较大,出现各种不同类型、不同程度的心理问题。

3."天之骄子"心态的转变

随着高等教育招生考试的扩招力度加大,高等教育已经由精英教育变为普及教育,不再是高不可攀,它的转变使得新一代大学生的社会角色、社会定位、社会关系等都发生了巨大的变化。

4.心理健康问题的增多

大学生承载着家庭、亲友、学校、社会等诸多方面的期望,在社会竞争日益激烈的情况下,承受着学习、竞争、经济、情感、就业等压力。而在校大学生大多数又正处在生理、心理尚未完全成熟的阶段,人生观、价值观和世界观正在形成当中。能否妥善处理生理、心理问题,直接影响大学生的法律意识,更影响其个人的成长。

第三节 大学生网络失范行为的具体表现及其原因

一、大学生网络失范行为的具体表现

随着互联网技术的高速发展,网络已经走入了寻常百姓家,成为人们生活中不可缺少的一部分,在网络上浏览新闻、休闲娱乐、购物交友已经成为再平常不过的事情了。随着我国网民规模的不断增加,网民(尤其是学生网民)使用网络的时长不断增加。在学生网民群体中,大学生网民的周上网时间最长,达到18.6个小时或更长,大学生应用网络的深度在不断增加。网络为大学生提供了丰富的学习资源,拓展了大学生学习的方式和渠道,使大学生充分享受到网络带来的便利条件。然而由于网络的虚拟性、高校网络法治教育的相对滞后、大学生网络法律意识的淡薄和相关部门对于网络监管的不到位,大学生群体中出现了参与网络违法犯罪、侵犯他人知识产权和隐私权、恶意攻击诽谤谩骂和传播非法信息等一系列网络失范行为,具体表现为以下几方面:

(一)参与网络违法犯罪活动

网络违法犯罪是指利用互联网传播和贩卖不健康图片、视频等信息,或是利用不健康网站招募会员、收取会费从事的犯罪行为。大学生接受的是良好的高等教育,按理说应该具有比较高的法律意识和法治观念,然而令人尴尬的是,只要在网络上搜索"大学生网络犯罪",相关的新闻报道就随处可见。从国家公安部及地方公安机关组织的打击网络违法犯罪的相关案例中不难发现,抓获的犯罪嫌疑人大多数是在校大学生或者是刚刚毕业不久的大学生[①]。

近些年来,类似的大学生网络违法犯罪案件还有很多。这些案件在社会上引起了极其恶劣的影响,引起了社会各界对高校大学生法治教育的高度关注。大学生是祖国的未来,民族的希望,是社会主义现代化建设事业的接班人和主力军,应该是代表着思想品德高尚、学习成绩优秀、法治观念强的一个群体。然而当这个被认为是社会栋梁群体中的一些人不断地与网络违法犯罪联系起来时,这让我们不得不重新审视大学生法治教育的有效性问题。

大学生为了寻求刺激并获得一些收入,往往在不健康网站上当版主传播不健康信息,或者自己建立不健康网站招募会

---

① 侯明. 大学生网络失范行为及其教育路径研究[D]. 哈尔滨:哈尔滨理工大学,2017.

员来赚取会费。在这些犯罪的大学生眼里根本没有想到道德和法律的约束,他们法律素质低下,法律意识淡薄,法律知识贫乏,在网络中肆无忌惮地放纵自己的行为,只有在受到法律的严惩时,才后悔自己的所作所为,才认识到自己行为的社会危害性。

(二)制造或传播计算机病毒,进行黑客攻击

计算机病毒是一种随网络传播并能自我复制的计算机指令或程序代码,不仅能对系统运行、信息传播造成破坏性的影响,严重的还能对计算机硬件造成损害,甚至造成局域网瘫痪。各种新型病毒及其变种不断增加,互联网又为病毒的传播提供了最好的媒介。大学生中有一些人由于对网络的浓厚兴趣,通过自学掌握了一定的电脑编程技术,或者由于所学的是计算机相关的专业,积累了一些专业知识,通过自己的钻研有能力编写出这样的程序或指令。他们制造或传播计算机病毒并不是主观上的故意破坏,而是想通过这样的行为来证明自己的计算机水平如何高超,得到其他人的崇拜和赞美。

"黑客"泛指那些对计算机系统进行非法访问的人员。"黑客"对于网络程序了解很深,计算机技术十分高超,一旦他们准备入侵某个网站,一般该网站难逃厄运。"黑客"入侵网站的目的不同,有的只是为了显示自己技术的高超,有的则为了牟取暴利,从事违法犯罪活动。

2008年4月,警方发现济南某高校计算机系学生李某与哥哥利用黑客技术攻击政府部门、高校网站,篡改数据库资料,造成证书上网可查的假象,然后疯狂制售假文凭、假医师资格证书、假职称证书等证件。短短三个月里,10个省市3000多人向他们购买假证,他们非法赚取100多万元。但他们的黑客攻击行为终究逃脱不了法律的惩罚,济南市公安局市中分局刑警三中队侦破此案,抓获涉案嫌疑人40多人,2008年8月,经法院审理,李某和其哥哥一审分别被判有期徒刑4年零9个月。

2008年9月,江西警方以涉嫌破坏计算机信息系统罪,将李某、王某等6名犯罪嫌疑人向人民检察院移交起诉;南昌市经济开发区人民检察院以"涉嫌伪造公文罪"批准对犯罪嫌疑人实施逮捕。警方共抓获10名涉案犯罪嫌疑人,有的是在校大学生,有的是刚刚从大学毕业。据警方查实,他们先后入侵了江西省卫生厅、湖北省卫生厅、贵州省人事厅、四川省人事厅、江苏省教育厅、辽宁省建设厅、湖北省荆州市人事局等11个网站,修改相关数据700余个,借此造假以牟取暴利,两个月获利达200多万元。

最近几年来,类似上述案例中大学生制造和传播病毒,进行黑客攻击以炫耀自己的计算机水平并牟取暴利的还有不少,大学生尤其是计算机相关专业的大学生正逐渐成为该类黑客攻击犯罪案件的重要主体,在社会上引起了强烈的反响,给高校网络法治教育敲响了警钟。

(三)侵犯知识产权

随着我国社会主义市场经济的发展,知识产权的重要性越来越受到党和政府的高度重视。2008年6月,国务院颁布实施了《国家知识产权战略纲要》,将知识产权问题上升到战略的高度,足以显示我国政府在保护知识产权问题上的坚定态度。其中版权作为知识产权的重要组成部分,越来越受到人们的关注。侵犯版权的行为表现方式主要有以下几种:①未经著作权人的同意,擅自从网上下载著作权人的作品并进行营利;②未经权利人许可,擅自将著作权人的作品传输上网;③擅自将他人的网页进行营利使用。著作权人在法定期限内对其作品享有著作财产权,任何未经许可擅自使用的行为都是违法的,都应该承担相应的侵权责任。不论是传统的复制、发行、出租行为,还是利用互联网的下载、上传作品的行为,只要未经权利人的许可就是侵权行为(合理使用行为、法定许可等情况除外),就应该承担相应的侵权责任。

大学生在平时的学习过程中接触到版权问题的机会比较多,有的同学发表了论文或者学术报告,还有可能是版权的拥有者。大学生作为我国高素质人才的代表,他们如何对待版权问题,版权意识如何,某种程度上对于提高我国公民的知识产权意识、加大知识产权保护力度具有非常重大的意义。网络的快速发展为我们提供了丰富的信息资源,在网络上大家可以信息互通、资源共享,与此同时,网络知识产权保护却遭受到了严重的危机。网络上侵犯知识产权的行为大量出现,其中大学生是一个非常重要的侵权群体。非法使用他人享有著作权的软件、影视和音乐作品,抄袭他人论文、窃取他人其他技术成果等,这些现象在大学生中较为普遍。大学生通过剪切、复制、粘贴来完成自己的作业或学位论文,抄袭他人论文,窃取他人技术成果,更是习以为常。这些侵犯知识产权的行为充分暴露出部分大学生缺乏知识产权的保护意识。从近几年侵犯网络知识产权的案例来看,大学生除了侵犯他人的版权完成自己的作业或学位论文外,还呈现出通过侵犯他人知识产权以牟取利益的趋势。

这类事件的发生暴露出了大学生网络知识产权意识的不足,主要原因是我国高校传统法治教育课时有限,网络法治教育又刚刚起步,缺乏对大学生知识产权法律制度的系统教育,造成了大学生缺乏尊重他人知识产权的意识。

(四)侵犯隐私权

从世界范围来看,虽然有关隐私权的立法和司法实践还存在一定的滞后性,但占主流的观点和法治发展趋势表明,隐私权是一种或者应当是一种为法律所确认的权利,是一种在世界范围内正在得到确认的权利。隐私权是指自然人享有的私人生活安宁与私人信息依法受到保护,不被他人非法侵扰、知悉、搜集、利用和公开等的一种人格权。这一定义表明:①隐私权的主体只能是生存的自然人,即隐私权是专属于自然人的一种权利;②私人生活安宁与私人信息秘密是隐私权保护的主要内容;③隐私权不具有直接的采取内容,因此隐私权不属于财产权而属于人格权且应该是与肖像权、姓名权、名誉权等并列存在的一种独立的人格权;④对隐私权的侵犯,通常包括非法侵扰、知悉、搜集、利用和公开等主要方式。随着互联网技术的快速发展,网络空间的隐私权保护问题和个人数据收集、传输和利用方面的隐私权保护问题等已经成为迫切要解决的课题。而我国在对隐私权的保护立法上尚存在滞后问题,只散见于一些法律法规和司法解释,在网络隐私权保护方面更是几乎空白。由于我国在网络隐私权保护方面存在缺陷和不足,故社会上侵犯网络隐私权的行为经常发生。

　　从道德修养的角度讲,大学生会尊重他人的网络隐私权。但是实际情况是大学生没有接受过相应的网络隐私权法律法规知识的系统学习,不知道自己的一些行为已经涉嫌侵犯他人的隐私权,或者对自己的一些侵犯行为严重性认识不足,只觉得好玩刺激,没有考虑到给他人造成的精神和物质上的损失。例如,在平常的大学生活中,他们经常会遇到自己的QQ、邮箱或者游戏账号密码被盗的现象。其中,有些大学生对他人隐私十分好奇,通过各种手法获取他人的账号和密码,以满足自己的好奇心,他们不会改动他人账号内的有关信息,但却侵犯了他人隐私。也有一些人属于盗用成瘾,他们对内容不感兴趣,而对盗用他人账号的数量很在意,盗用越多,越有满足感,比如曾经有一位大学生在一周内窃取他人的账号密码100多个;也有一些人专门盗用别人的游戏币和虚拟装备。如据媒体报道,成都某民办大学的学生黄某偶然发现游戏在线充值中某些用户用的是初始密码,他就利用一些网络用户的疏忽,伙同高中同学郭某大肆盗取用户账号15000个。4个月的时间里,二人不仅通过在线充值消费了7200多元,还通过委托亲友出售网游充值卡非法获利约2万元。成都市武侯区检察院就这起网上盗窃案进行了起诉,他们的这种行为同时也侵犯了他人的网络隐私权。还有一些人是受利益驱动,不劳而获取得了他人的科研成果、申请留学的信件,甚至是与异性间的信件等。以上的这些行为已经突破了法律的界限,侵犯了他人的隐私权,给他人造成了精神上和物质上的极大损失。

(五)恶意攻击诽谤,传播非法信息

名誉权是由民事法律规定的民事主体的人格权之一,它是民事主体享有的获得客观公正社会评价、免受侮辱、诽谤等加害行为造成的精神损害的一种民事权利。名誉权是一种专属于特定主体的民事权利,名誉权的主体为特定的自然人或法人,而不是不特定的人群,而且这种权利不可转让和继承。法律对名誉权加以保护,首先是为了维护个人的尊严,实现人们受人尊重的需要。其次,可以实现个人与个人,个人与社会之间的和谐稳定,达到整个社会的安定团结。最后,这也是树立良好的社会道德风尚,加强社会主义精神文明建设的要求。大学生受到的教育要求他们要讲文明、懂礼貌、尊敬师长、互相谦让,在现实社会中道德和法律对大学生的言行起到了很好的约束作用。而到了网络世界里,由于网络的虚拟性和匿名性,大学生不会像现实社会中那样受到监督和约束,他们可以随心所欲地宣泄情感。在一些大学的论坛里和贴吧上,随处可见大学生留下的不文明行为。也有一些学生对大学的一些管理制度、学校领导或者任课教师存在不满,在现实社会中无法宣泄,就在网络空间里对自己不满的人进行恶意的攻击谩骂和诽谤。

《宪法》第五十一条规定:公民在行使言论自由的权利时,不得损害国家的、社会的、集体的利益和其他公民的合法的自由和权利。大学生的世界观、人生观、价值观还在形成阶段,对外界事物的认识还不是很成熟,极易受到各种反动言论的蛊惑和煽动,而进行非法言论的传播。有些大学生利用网络上的微信、微博、贴吧等渠道散布反动言论,攻击党和国家的

领导人,或者道听途说,不分青红皂白地攻击政府,捏造事实真相,鼓动一些人员聚众闹事。大学生的这些行为损害了国家、集体和社会的利益,严重影响了社会的和谐和稳定。

(六)利用互联网络进行其他违法犯罪行为

一些大学生受利益的驱使,进行网络盗窃、诈骗,牟取非法利益。据中国普法网报道,一个包括3名在校大学生的诈骗团伙在网上发布月薪过万的虚假招聘信息,借收取岗前培训费和服务费的名义,骗取了青岛应聘的何女士15000元。5名犯罪嫌疑人在半年间行骗30余次,涉案金额达6万余元。还有一些大学生利用金融部门的网络漏洞,进行非法金融产品操作,给客户造成巨大经济损失。比如一名北京某大学的学生,利用自己在证券公司实习的机会,盗买盗卖他人股票,给股民造成巨大的经济损失,自己也身陷囹圄。非法传销、敲诈勒索、恐吓、赌博等传统犯罪形式已经悄悄地在网络的虚拟空间蔓延,其中也不乏大学生犯罪。虽然以上的这些违法行为属于个案,但也应该引起我们的高度警惕,如果得不到很好的控制和有力的打击,将会在大学生群体中迅速蔓延,一些法律素质不高、法治意识淡薄的大学生,很可能步以上学生的后尘,走上违法犯罪的道路。

二、造成大学生网络失范行为的原因

(一)政府在网络法治方面立法的相对滞后

虽然随着互联网的快速发展,我国在网络立法的数量上有所增加,但这些立法的科学性和合理性还有待提高。网络立法的滞后性主要表现在以下几方面:第一,上位立法不足、缺

乏法律统率。从法律的层面来看,目前为止,我国还没有一部系统的关于网络的立法,对于网络法律行为的约束主要依靠全国人大及其常委会颁布的《著作权法》《刑法》《电子签名法》等一些法律中的个别条文,但这样的零星法律规定显然不具有系统性和全面性。国务院和相关部委颁布的关于网络的规定大多采取行政规范性文件的形式,效力不高且应急性、随意性比较强,不能上升为法律效力更高的法律。第二,下位立法杂乱,缺乏统一规划。一方面,我国对网络行为的监督管理涉及工业和信息产业部、公安部、新闻出版广电总局、文化部、工商行政管理总局等多个相关部委,这些部委根据自身管理或是部门利益的需要,出台了大量的部门规章及其下位的立法。但是,这些部门规章缺乏统一的规划,难免出现相互间的重复和矛盾,不能做到各部委规章的相互协调和兼顾,有的网络行为可能好几个部委的规章都有规定,但有的网络行为可能几个部委的规章都没有涉及,这就会出现法律的真空地带;另一方面,各部委的下位立法大多缺乏前瞻性和长远规划,总是在出现相关的网络法律问题时,才应急性地出台相关的规范来处理出现的网络法律问题,这种立法方式增加了立法和执法的成本且缺乏立法的科学性合理性,往往刚公布不久的办法很快就存在过时的问题,还需要出台新的办法来处理新的网络问题,使部委的下位立法逐渐出现繁杂和臃肿的现象。

(二)高校对网络法治教育和网络法治宣传重视不足

我国网络法治建设需要依靠良好的法治教育和法治宣传,

这两者在规范大学生网络行为上发挥着巨大的作用。对于越来越多的大学生网络失范行为,应该引起高校管理者的高度重视,在发挥现有《思想道德修养与法律基础》课法治教育和法治宣传功能的同时,应该加大与网络法治教育相关的教师讲座和相关选修课的学习,加强大学班主任、辅导员、团委、学生会等政工队伍在大学生网络法治教育上的积极作用。如果高校对大学生网络法治教育和宣传重视不足,大学生连基本的网络法律法规都不懂,又谈何尊法、守法、护法,运用法律武器保护自己的合法权益? 所以,一方面我们要继续加大网络法治的宣传力度;另一方面要提高网络法治教育的水平。

(三)教师网络法治教育与网络技术普及相脱节

高校拥有信息资源和人力资源方面的优势,处于网络社会的最前沿,在平时的工作、学习和生活中,处处离不开网络。学校开设的计算机相关课程在传授大学生网络应用技术的同时,对于带来的一系列网络道德问题、网络问题却始料未及,网络法治教育几乎一片空白。由于存在计算机和法律学科的交叉,既懂计算机技术又懂网络法治教育的教师严重不足,所以造成了网络法治教育的相对滞后,迟迟未能跟上网络技术的普及速度。面对着充满诱惑的网络世界,大学生不知道还有相关网络法律制度约束,在网络世界中的一些行为难免会出现违规违法的现象。

(四)社会环境中不良因素对大学生的影响

在大学的校园周围,往往存在着许多的网吧,大学生是这些网吧的主要消费群体,部分大学生沉迷于网络不能自拔,甚至通宵达旦地上网,既荒废学业,也不利于自己的身心健康。这些网吧的老板为了使大学生长期光顾网吧,往往在电脑上下载好不良电影和图片等信息或者提供相关不良信息的链接来吸引大学生,腐蚀青年大学生思想,使大学生在网络虚拟的世界中迷失了自我。另外,由于网络环境中的监管不到位,无端的谩骂、诽谤充斥网络,加上网络的隐蔽性和虚拟性,部分大学生也加入这些网络失范行为的行列,更加恶化网络环境,不利于大学生身心的健康发展。根据相关调查,大多数沉迷于网络的大学生都存在现实社会生活中对新的环境适应不良、学习兴趣不浓、人际关系受挫、情绪内敛、思维受阻、情感压抑、性情孤僻等问题。面对现实的困难和挫折,他们不是积极认真地去面对,而是消极逃避,试图在虚拟的网络中寻找精神的慰藉和心理的平衡。

(五)大学生自身法律意识和法治观念淡薄

我国的大学教育往往重视的是专业知识的学习,而忽视人文素质教育和相关理论知识的学习。特别是在法律知识方面,学生们缺乏学习的动力和兴趣,仅仅是在课堂上对一些基本法律知识有所了解,课后不会去继续关注、研究学习。因此,大学生自身的法律意识和法治观念比较淡薄。有的大学生制造和传播电脑病毒,侵入他人电脑系统,还到处宣扬;有的大学生黑客攻击政府机关的网站,以炫耀和展示自己的计算机水平;有的大学生不惜违背学术道德,利用网络下载他人的研究成果,来充当自己的课程作业和毕业论文;有的大学生甚至利用网络的漏洞盗取他人的账号密码,来牟取自己的私利等。这些行为往往已经触犯了法律,但部分大学生还不以为然,觉得这只是满足自己的欲望,刺激好玩,而不是违法行为。这些都是大学生法律意识和法治观念淡薄的具体表现。

第六章　以法治素养教育为导向加强
大学生法治教育

　　制约大学生法治素养提高的外部客观因素有很多,包括传统的人治思想和人情关系的当代残留、社会转型期特有的无序状态,还有大学生进入大学前法治素养培养的欠缺。而就我国大学生法治素养培养自身存在的问题而言,也至少包括对法治教育的重视程度不够和形式主义的问题,课程设置的缺陷,还有课程内容缺陷。

　　对于如何在当前形势下解决和改善上述存在的问题,我们似乎可以将这些问题概括分为两类:一是需要借助于社会发展来逐步解决的问题。二是可以马上提上议事日程进行解决的问题。需要借助于社会发展来逐步解决的问题包括改善传统人治思想和人情关系的法治的负面影响、社会转型期特有的无序状态、家庭和社会对法治的重视等。而我们马上需要着手予以解决的问题则包括大学生进入大学前学校法治素养培养的完善、大学生法治素养课程设置的完善和课程内容的完善。

第一节 大学生法治素养课程的设置

十九大以来,我国在依法治国方面做了大量工作,从对宪法的大力推崇到大量具体法律的颁布及修订,使得我国社会的各个方面越来越受到法律的规制,诸如对"老赖"的强制执行措施和信用制约措施、对车辆行使违规的加强执行和公示措施,都使人们强烈地意识到不守规则是要受到惩罚的,这都促使人们的规则意识越来越强。这些社会现象的大量涌现对于我国大学生法治素养的提高也是有极为重要的正面影响的[①]。

虽然我国目前处于社会转型期,而且这一转型是极其复杂的转型,但是政府和社会各界并没有消极等待,面对大量新的业态和新事件,各方都在积极地及时地采取各种应对措施,包括对网络消费的法律规范、对网络贷款的法律规范、对网络直播的法律规范等。可以说,这种积极应对的姿态也有助于及时改善和解决社会某些领域的无序或失序状态。

可见,在党和政府的领导下,制约大学生法治素养提高的外部客观环境虽然仍有大量问题,但显然也在积极改善之中。因此,对于大学生法治素养的提高,不能将制约因素作为借口来推脱责任,而应该在目前极为有利的外部大环境下,积极进取,乘势而为,大力解决大学生法治素养培养本身存在的问题。

①张波. 全面依法治国背景下当代大学生群体法治素养提升路径研究[J]. 法制与经济,2018(10):165-167.

正如前文的分析,目前我国大学生法治素养的培养尚存在无法满足全面依法治国、培养社会主义现代公民和大学生的生活工作实际需要的问题。因此,必须采取有力措施有效应对,做到切实提高大学生法治素养。为此,就有必要在大学生法治素养的培养方面加大力度。首先应该改革大学生法治素养课程的设置,改革大学生法治素养的培养方式。

就课程设置的改革而言,鉴于目标与现实之间存在的巨大差距,必须要从战略目标的高度,重点审视目前大学生法治素养培养的课程——《思想道德修养与法律基础》存在的问题,并予以改革。因此,从战略高度考虑,必须新设专门的大学生法治素养培养课程,达到立竿见影的效果。

一、分置课程

鉴于《思想道德修养与法律基础》涵盖两个不同门类的课程,一个是思想道德修养,另一个则是法律基础。把这两个内容的教学放到同一门课程中,违背了各自所特有的教学规律。让一个老师,同时具备两个截然不同的课程内容的理论素养,强人所难,效果也不佳。与其这样,倒不如分开设置,在设置过程中充分考虑各自课程的教学规律,分别教学,无论对课程本身,还是对教授课程的教师,最后到接受教育的学生来说,都是最合适的。

如果把这门课程分开来上,也会为后续的改革奠定一个良好的基础,有利于这门课程内容的改革、课程教学方法的改革等一系列的改革,才能为真正提高大学生法治素养找到一个良好的解决之道。

此外,作者认为法律专业教师可根据不同专业的培养方案,设置符合大学生专业特色的必修法律综合课程,如学习社会工作和金融专业的大学生、学习传播学和师范类的大学生,他们所需要的法律知识在各自的领域需要更专业、更深入的探讨。因此,将法律基础内容从《思想道德修养与法律基础》课程中独立出来,设立一门独立的大学生法治素养课程,除了法学专业的学生之外,对非法律专业的学生进行专门化的法律素养的教学,对其进行独立的专门化的培养,是有必要的。

二、增添课时

在《思想道德修养与法律基础》课程中,同时包含思想道德修养与法律基础课程,课程的授课时间却只有54个学时甚至36个学时,在这样一种情形下,无论教师如何努力,最后的结果仍然是思想道德修养的内容和法律基础的内容都要兼顾,而兼顾的后果则是顾此失彼或者顾彼失此,最后很有可能的结果就是课程中的两个部分的内容都没有上好,不仅是丢了芝麻,而且也失去了西瓜。与其这样,倒不如将两门课程分开,各自都按照所需要的课时来设置课程,分别充分地有效地给予学生思想道德修养和法律修养方面的知识,其效果也必然要比目前的状况好得多。

同时,作者认为将具有专业针对性的法律知识和法律信仰相关的法律课程,分置到本科学习的各个阶段,如大一、大二、大三分别有一学期或半学期的课时增设,不仅能加强大学生对相关法律知识的记忆,也将对大学生产生潜移默化的影响,而不是大一结束课程考完试之后即将所学的知识抛之脑后。

三、优化师资

目前《思想道德修养与法律基础》课程在实践中通常是思想政治课教师在教授，教学效果并不理想，而如果这两部分内容分成两个课程来开设，就能够为法律基础课程专门配置具有法学专业背景的教师来授课，其教学效果自然要好很多。思想政治课程和法律课程教授老师的优化和分置，并不是要将法律与道德割裂开，否认他们之间的联系，而是认为术业有专攻，二者分开有利于教师将各自的课程讲解得更深入，让大学生更好地理解和吸收，更有利于解决大学生法治素养培养的结症。

四、改革教学方法

（一）课程教学方法的改革及其配套措施

必须要考虑到一点，就是这门课程不是为专业的以后要从事法律行业的学生设置的专业课程，而是针对非法学专业的大学生而设置的。因此，在教学方法上，要避免专业课程所无可避免的极强的理论教学，避免单纯的课堂灌输式的说教式的理论教学。

（二）课程的课堂教学应注重丰富的教学形式

在讲授理论的部分要言简意赅，重点则是要以案例的形式、图文并茂的形式、视频教学的形式、游戏教学的形式、讨论教学的形式等各种可在课堂上采用的形式来进行课堂教学，使学生能够通过一种喜闻乐见、容易入脑入心的方式迅速产生对课堂教学内容的兴趣，并且深层次地对相关的法律理念、法律知识和法律方法予以掌握。

（三）加强课程的课外实践

鉴于接受这门课程的学生包括所有非法学专业的几乎全校的学生,因此学生数量是巨大的,仅仅由授课教师来安排学生对这门课程的课外实践是不合适的,因此需要政府和学校层面出面进行协调,要组织和要求学生旁听法庭的庭审,了解法庭、检察院、公安甚至律师以及包括司法部门在内的其他相关政府机构办理案件的实际状况,使学生在浸润式教学的氛围下自然而然地产生对法律的尊崇感,也能够提前了解法律的施行情况。此外,学校还应该让学生参与到学生法律援助中心的工作中去,在实践中亲身感受法律的践行。

（四）课程的考核也要进行改革

多数高校对类似法律课程的考核都是以划定范围后再进行闭卷考试的方式,这种考核方式的局限性在于学生对范围内的内容较为熟悉,对考试外的内容掌握程度则难以把握;容易使部分学生对此科目产生抵触情绪,从而产生学完就忘的情况;也会导致部分侧重专业学习的大学生对法律科目考前突击学习的情况发生,课堂学习效果不佳、学习态度懈怠,使相关课程的实用性降低,无法达成对大学生法治素养培养的目标和要求。因此学校自身要转变思维,改变单一僵化的闭卷考试形式,代之以包括闭卷考试、开卷考试、面试、论文、实践报告等各种形式的考核方式来激发大学生学习法律的热情。

第二节 大学生法治素养课程内容的完善

大学生法治素养的课程如果能够独立,并且至少保证54个学时的话,才有可能在原有基础上添加和深化相关的内容,使其能够更好地适应非法学专业大学生的法治素养的培养要求。

一、大学生法治素养课程的目标

要完善大学生法治素养课程的内容,就要首先明确课程的目标,这至少需要从三个层面来考虑。

(一)从保护大学生的切身权益考虑

大学生作为公民群体的一部分,首先是法律的保护对象。从中学进入大学,是大学生走向社会、成为社会公民的第一步。对照此前受到家庭、学校严密监护的学习生活,绝大多数大学生可以说是刚刚离开保护伞,成为一个"独立人"。大学生虽具有一定文化知识,但面对陡然升级的复杂社会现象,往往缺乏应对的经验和足够的判断力、果断的行动力,因此,法治素养课程首先就要从大学生的切身权益出发,保护他们的人身和财产安全,保障他们学习、生活、发展的基本权益。

(二)从培养合格的现代公民考虑

大学生作为成人,不仅仅是法律的受益者,更应该是法律的遵行者、维护者。知法懂法是走向成长的起始步伐,遵法守法才是完成成长的关键之步。大学生是国家的优秀人才,其培养的基点是合格的现代公民。因此,有必要通过法治素养课程引导大学生尊崇法律,真正落实法治这一社会主义核心价值观。

(三)从增强人才的长期竞争力考虑

大学是人生的一个关键阶段,既是多年学校学习生涯的收束阶段,又是踏上社会、开创事业的铺垫阶段。法律意识的形成和法律知识的获得,必将为优秀人才在未来社会的激烈竞争中开拓发展空间、提升竞争实力。因此,法治素养课程的内容应该尽可能考虑到各类人才发展的需要,在提升核心素养的同时提升核心竞争力。

二、大学生法治素养课程内容的安排原则

(一)实践与理论相结合原则

从激发大学生群体的兴趣、引发求知迫切性的角度来说,实践是必不可少的课程内容。这种实践应包括案例分析、实地走访等多种形式的学习。但与此同时,应该认识到理论是剖析现象、解决问题的基本依据,从根本上引领实践。大学生作为高知群体,不能仅满足于对现象的感性认知和浅层次议论,而要学会用理论去分析问题、解决问题。实践与理论相结合,才能学以致用,深化课程效果。

(二)普适性与专业性相结合原则

法治素养课程的内容应分为通识和专业两大类。通识课程作为每个大学生的必修课程,其内容主要指向大学生的权益保护,明晰公民权利、义务与责任以及培养基本的法治意识、法律知识和法治信仰。专业课程作为不同发展方向的人才的选修课程,应结合专业和发展方向提供相关法律知识和

素养的培育。区分法治素养的普适性和专业性,有利于课程内容的设置,更有利于提升课程的效益。

(三)核心素养与时代特色相结合原则

2014年,教育部研制印发《关于全面深化课程改革落实立德树人根本任务的意见》,提出"教育部将组织研究提出各学段学生发展核心素养体系,明确学生应具备的适应终身发展和社会发展需要的必备品格和关键能力"。其中,科学精神、健康生活、责任担当、实践创新与法治素养密不可分。因此,大学生法治素养课程的内容要紧抓核心素养的培育,同时兼顾时代性原则,充分反映新形势下经济社会发展对人才培养的新要求,全面体现先进的教育思想和教育理念,确保课程内容与时俱进[①]。

(四)现实性与发展性相结合原则

在安排课程内容时,还应该关注到大学生面对的实际生活仍然具有典型的校园特色,有别于开放的社会。因此,课程内容要尽可能立足现实、面向未来,合理安排法理、宪法、民法、刑法等具体法律的内容,有效帮助他们了解合同、知识产权、婚姻家庭、刑罚等方面的法律知识。

三、大学生法治素养课程内容的完善要点

(一)普及法律知识,增强法治意识,树立法治信仰

在普及法律知识的基础上,应着重培养大学生学法、懂法、守法的意识,牢固树立法治信仰,使法律知识和法治素养

---

① 杨忠明,何曾艳. 大学生法治素养提升的路径与方法研究[J]. 学校党建与思想教育,2017(12):50-52.

成为终身学习和培育的对象,使法治社会成为每一位公民追求的实现目标。

(二)合理安排法律权利、义务和责任内容的比例

当代社会主义强国的建设需要大学生具备社会责任感和文化使命感。不明确公民的法律权利、义务和责任,就无以谈担当,更无以大胆前行、放手实干。具备法治素养,厘清责任义务,才能在个人发展和国家建设的大道上走得更快更远。

(三)及时深入结合实践,保持课程内容鲜活有实效

在大学生身陷网贷、电信诈骗等个案层出不穷的当下,必须及时通过课程开展宣讲、讨论与分析,帮助大学生群体掌握更多与实际生活相关联的法律知识。这些知识应该是对大学生读书时期及其毕业后若干年的生活、工作可能会产生利益影响的法律。这些法律包括但不限于行政法、刑法、民法、合同法、公司法、婚姻法、继承法、劳动法等法律。这些法律在现代社会中已经深深地渗透进日常生活,人们日常生活和工作中随时有可能碰到的一些社会问题,就与这些法律密切相关。如果大学生能够在学生时代就掌握这些法律,就能够在生活和工作中预防相关问题的发生,在发生问题的时候也能够及时有效地运用相关法律知识予以准确应对,而不至于措手不及。

(四)适当安排对新业态的法律解读

随着经济的快速发展,资本市场的新业态层出不穷。网约车司机、网络主播、快递员等新兴用工逐渐增多。其中有些是传统的劳务关系,而有些是互联网经济催生的新业态下非传统用工关系,而由于其间劳动关系、劳务关系、加盟关系、代理

关系的混杂,使得不少人员的法律身份无法明确,也就给司法实践带来了新的挑战。大学生群体一方面在校期间可能因为勤工俭学而介入这种新业态下的非传统关系;另一方面走出校门后因从业而有可能介入这种关系,因此尤其需要对新业态下的一系列问题开展法律解读。可以说,课程内容的选择极为重要,因为大学生在获取了法律理论基础知识后,如果要将这些理论内化为一种深刻的认识,全有赖于对这些法律知识的掌握,否则理论部分的学习就如空气一样,尽管有用,但缺乏容器,就渐渐散尽。

第三节 以法治素养为导向深化大学生法律意识培养

一、法治意识的概念分析

法治意识的培养是提升大学生法治素养的起点,对大学生法治意识的研究是大学生法治素养研究中不可或缺的重要环节。最早提出法律意识概念的是奥地利法学家埃利希,其在《法社会学原理》一书中论述了萨维尼和普赫的习惯法思想,认为他们"特别强调法的发展本身直接在法意识之内进行;在他们那里,习惯只是破土而出的嫩芽"。"法意识"概念从此提出,但是他并未在文中对"法意识"的内涵进行界定。伊万·亚历山德洛维奇·伊林是俄国著名法学家,他从法律意识的定义、基本内容和功能三方面进一步研究了法律意识,撰写了著作《法律意识的实质》。他以"三个公理"来概括法律意识的实质,认为法律意识首先是一种精神尊严,没有精神尊严,现实生活就无法存在。其次,他认为法律意识是一种自律意识,是人的精神意志的自我管理能力。最后,他认为法律意识是建立在人与人的相互尊重和信任的基础上,即人们之间精神上的相互承认。苏联科学院的法学家们提出了"法权意识"这一概念,将法律意识与法律上的权利结合起来,用与权利相关的观念综合来界定法权意识。同时指出,法权意识与社会意识形态紧密联系,与道德呈现交织状态,另一位苏联法学家卡列娃费其金,认为法律意识必然建立在一定的阶级观点的基础上,在社会主义制度下,全体人民的法律意识的形成条件是人民在道义上和政治上的一致性。伊·法尔别尔强调心理要素是法律意识的组成部分,其与法律思想的结合构成了法律意识[①]。

对法治意识的研究,在很大程度上是以对法律意识的研究为基础的,20世纪初埃利希提出法律意识的概念后,法律意识这一概念就被宽泛地界定为对法律现象的观点、看法、心理等的总称。国内学者也经历了很长一段时间探讨法律、法制到法治的过程。1995年,黄稻主编出版的《社会主义法治意识》一书在法治刚刚起步的中国引发了强烈反响。首先,此书认为人们对社会主义法治及社会主义法治现象的认知、理想、心理、评价、观念的总和是社会主义法治意识。社会主义法治意识首先是人们对社会主义法治的本质特征、地位和作用以及发展历史的科学认知。其次,它代表着人们对社会主义法治所代表的民主政治的评价和追求;在此基础上,人们对社会主

①唐钰瑾. 新形势下大学生法律意识的培养方法研究[D]. 太原:中北大学,2017.

义法治的权威产生高度认同和敬畏。

二、大学生法律意识概念认知

大学生法律意识指的是大学生认识法律基本内容并且运用法律的能力,它是当代社会进行依法治国方略新形势下的公民法治建设的关键。青少年大学生在法律方面需要具有的基本品质就是一定的法律意识素养。探析在依法治国新形势下的当代青年大学生的法律意识问题,首先需要深刻了解和认识法律意识方面的有关理论。这里以依法治国新形势为背景,讨论大学生法律意识的培养方法,总结全面依法治国的现实与历史意义。通过总结法律意识、大学生法律意识的基本概念,分析改善当代大学生法律意识培养方法的必要性。

(一)法律意识内涵

2014年10月,中国共产党在十八届四中全会上通过了《中共中央关于全面推进依法治国若干重大问题的决定》。决定将"依法治国"概念阐述成一个内容详实、结构严谨的表述。决定还列出了具体实施举措,至此,"全面依法治国"成为"四个全面"重大战略的重要组成部分,而且依法治国战略还是协调推进"四个全面"政策的基础与法治保障。

对于全面推进"依法治国"战略,有学者认为"法律是治理国家的重要方式,良法则是善治的重要前提"。全面建成小康社会的一个重要目标是实现社会公平正义,全面依法治国则是实现这一目标的重要支撑。只有全面依法治国得到有效实施,国家社会生活才能有序运作,社会稳定和谐才可以实现,全面小康社会的理想也才能得以兑现。习近平总书记认为全面依法治国和深化改革的关系可以称之为"鸟之两翼"。习近平总书记还多次强调"凡属重大改革都需要有法有据",必须"确保在法治轨道上推进(全面)改革",只有在法治的边界内进行改革,才可以解决各类利益纠纷,和平处理各种制度问题,实现将改革成果与全体人民分享。

人民群众是国家法律实施的重要主体,也是推进全面依法治国的根本性力量。依法治国方略能够有效实施的社会基础是公民知法、信法、守法。全社会信仰法律是法治社会建设的基础。在社会中,如果法律得不到人们的信任,人们都认为靠法律不如去靠关系,上法院解决问题不如找领导,"明规则"不如"潜规则",这样的话法治社会必然建立不起来,国家以及政府都将会失去坚实的支撑。全面推进依法治国,需要将全民守法作为关键力量,积极认识提高全社会的法治观念和法治意识,自觉形成以遵纪守法为荣、以违法犯罪为耻的风尚,形成知法守法的法治氛围。

实施依法治国方略需要增强全体公民的法律意识。青年大学生群体是公民中较为先进的特别群体,所以增强青年大学生法律意识培养,对全面开展依法治国具有长远的根本的重要意义。当代青年大学生不但要了解掌握具体的法律常识,更加要积极树立正确的法治观念。有些大学生因为社会上的一些错误观点的影响,他们无法鉴别法治与人治的区别,所以让大学生树立起正确的法治理念是非常必要的,这十分有利于培育当代青年大学生知法、守法和护法的精神。

所以青年大学生要紧跟依法治国的脚步,各大高校应当用着手改进大学生法律意识培养方法等方式来促进青年大学生法律意识培养方法的发展。大学生应该努力成为社会主义法治的践行者。大学生群体需要努力学习法律知识,明确国家法治理念;通过道德引领法治思想,通过规则规范法律行为。此外,青年大学生要树立国家法律的权威,坚持发扬中国社会主义法治精神,全身心投入社会法治建设,在全面依法治国理念引领下真正实现社会的永续发展。

为了深入探讨大学生法律意识培养方法,就首先有必要对大学生法律意识、法治意识、甚至意识这些概念进行详细的探讨。心理学解释意识是人类对客观现实的高级心理反映,只有人类才拥有该反映。世界可分为生物和非生物两类,意识则是绝对抽象事物,是具体事物存在、运动等所表现出来的普遍本质,是从思维抽象出来的。意识则是任何具体事务所普遍具备的主体性质和能力,其涵盖自主、自信、自律等内容。

法的概念分为广义和狭义。法律意识也可以从广义和狭义两个维度来进行定义。在广义上,法律意识就是人类对于法、有关法律现象的观点与态度。而在狭义上,法律意识是主体(人)对于客体(社会法)的主观把握,是主体对客体的主观意识和态度的总称,涵盖主体对法的特征、法的情感、法的意志等心理要素及其综合。它表现为自古以来的各种法律学说,对于现行法律的各种解释,对于主体法律权利和利益的各种追求以及对于法律制度的自觉遵从。法律意识则泛指社会公民对于法及相关法律现象的观点、知识及心理态度。"人完整的生活,命运都形成于法律意识中并在其主导下,对于人来说,生活就是遵循法律意识去活动。"从这里可以看出法律意识对于人的生活具有非常重要的意义。自十一届三中全会召开以来,我国法学界对法律意识的理解也相应逐步发展起来。相应,对法律意识及其培养方法的研究也逐步活跃起来。出现了诸多新的理论与观点。《中国大百科全书法学》已对法律意识做了明确定义,即"法律意识是人们对于法尤其是现行法和相关法律现象的观点和态度的总和"。公民的法律意识表现为公民探求法律现象的不同学说以及公民对当前法律的评价与解释。另外也包括公民对自身权利与义务的认知:对法和法律制度的认识、掌握、运用程度;此外也涉及公民对现行法律知识和行为的评价。所以,法律意识与公民或个体个性心理特征相联。法律意识可以理解为公民关于法现象的认知、情绪及意志的总称。在内容上,法律意识是公民对法规范和法行为的情感、评价和态度,同时也是公民对法现象的意愿、要求和期望。在形式上,法律意识表现为公民对于法现象的心态、观念和理论。法律意识也属于社会意识的一种特殊形式。相应地,法律意识内涵由以下几部分构成:

1.法律心理

在特定社会环境和文化背景中,法律心理是人们对法律的理解、情感、体会等主观心理活动的反馈。这些反馈可能是笼统、肤浅、局部、零散的,而且这些反馈与自身的社会法律生活的经验和体会密切相关。法律心理是公民在法律实践中的初步认知。大学生形成法律意识的第一层次就是基于这种初步认知。这种初步认知状态并不稳定。大学生的这种初步认知一般体现出其对法律的理解、情感和体会。为了将大学生的这种初步认知转变为正确、理性的法律意识,就需要给大学生培养正确的法律观念。

2.法律观念

通过某种形式的法律教育,人会对法律产生认识和理解,这可以称为法律观念。法律观念是形成法律意识的第二层次,其衔接了法律心理和法律理论。法律观念包含个体意识、理性认知两个层次。首先,法律观念与法律心理密切关联,具有强烈的意识形态。其次,法律意识涵盖理性认知和法律思想成分。在认识法律的基础上,人们认识和选择思维形成的法律意识相对比较成熟。在法律意识中,法律观念发挥着非常重要的作用。法律观念的存在性与正确性直接决定了法律思维的形成、法律的执行和遵守。

3.法律理论

法律理论表现为公民对法律现象的系统化、理论化的理性认识。具体包括法律意识、认知和理念。法律理论是人们对社会法律现象的主动反馈,是法律意识的最高表现形式,为法律意识的培养和改善指出正确的方向。经历过这三个层次后,就基本形成了法律意识。但为了培养一种明确、坚定的法律意识,并在此基础上去指导实践,就还需要形成法律思维,即法律意识程度的最高标准。在形成了法律思维习惯之后,公民,包括大学生,就可以以各种法律条文为自我要求标准,主动地约束个人行为,不至于脱离法律的许可范围。

总之,不同学者对法律意识的整体趋势理解是,首先是关注社会法律水平,随后逐步研究法律意识中的非知识因素。在这种趋势下,公民对法律意识的内涵理解逐步加深,也越来越丰富。总的来说,作为一种特殊的社会意识,法律意识是社会主体对于法律现象的主观把握方式。法律意识是一个有机整体,涵盖对法的理性情感、意志信念等多种心理元素。法律意识的具体内容除了公民的法律知识、公民的法律思维模式、公民的法律情感、公民的法律意志、公民的法律态度、公民的法律信仰之外,还包含公民的法律心理、公民的观念以及公民的意识形态等内容。从其内部表现方式来看,法律意识各部分具体内容和因素之间的相互关系也呈现不同特点。不同国家和地区之间的法律意识具有本质的差异,这取决于法律意识内部结构的差异。而从其外部表现形式来看,法律意识表现可涵盖公民的法律行为、语言、法律评价以及法律思想体系。

(二)大学生法律意识

作为一种特殊的社会意识,主体对法及法律现象的理解、认知、理念和思想可总称为法律意识。大学生法律意识则是特指大学生群体对法及法律现象的认知,体现在大学生群体与法律相关的思想、理念、认知、观点及法律信仰等方面。大学生的法律意识拥有时代特征,并且随着时代环境的变化而变化,也会受社会发展等因素影响。由于当前大学生遵纪守法意识相对薄弱,导致大学生违法犯罪的事件时常发生,这引起了当前众多学者的关注。虽然高等院校已从1986年开始逐步推行法律教育,但站在30余年后的今天来评价得失,发现这种法律教育模式效果并不佳,大学生违法乱纪行为仍然屡屡发生。这也使得高校意识到不仅要注重传授相关法律法规或法律条文,更需要进一步培养和改善大学生的法律意识。

法律意识是建设法治国家的思想条件,法律意识内容具有科学性、规律性等特点。但高校对大学生法律意识培养内容、方式的理解不尽相同。而大学生法律意识的培养内容决定了其在高校教育中的核心地位和方向,是高校教育的一个关键部分。为了正确理解大学生法律意识内涵,改善高校法律意识培养效果,就必须从法律观念的深刻内涵及本质方面进行系统化讨论,并且还需要考虑社会主义依法治国理论。

大学生特指正在接受高等教育的特殊群体。大学生是社会新思想、新潮流的领导者,是国家培养出来的储备人才群体。大学生群体需要具有较高的法律意识,理论上也应该具备较高的法律意识。当代大学生法律意识的培养提高大部分是通过在日常的生活学习以及实践中慢慢培养并展现出的懂法、守法和用法的整体能力。但是当代青年大学生法律意识的培养却主要侧重于法律意识在大学生心目中的分量以及大学生对法律知识的运用能力。总之,大学生法律意识是大学生群体经过后天长期努力而掌握和表现的知法、懂法、守法、用法等综合能力。

大学生法律意识特指大学生群体对法律法规和法律现象的认识。这些认识包含大学生对法律意识理解、认知、理念和思想的统一。其体现了大学生对法律知识的理解水平、对法律法规的思想活动、对当前法规的认识以及对法律的信仰。大学生法律意识性质包含如下几点:①层次性。因为年龄、接受的专业教育差异,致使大学生的法律意识出现了层次性。大学生还没有成熟的世界观和方法论,在法律的理解上相对片面,对于外界的种种不法现象有过于极端的反应。大学生的法律认知常常处在对法律的直观感受的层次中,比较缺乏法律意识;②矛盾性。相对于所有社会群众来说,大学生尤其需要社会的肯定,想要把知识用于实践,拥有崇高的理想和信念。许多大学生可以意识到建设法治国家不能一蹴而就,不过也有一些学生受外界的负面影响,不能合理的端正自己的思想,对当前所开展的法治建设中所浮现出的问题抱有淡漠、极端的立场,以至于不信任我国的法治建设;③发展性。大学生对社会有他们独特的理解,但由于大部分大学生尚未真正步入社会,相对缺乏社会法律经历,并且他们正处在世界观与价值观的形成和健全阶段。大学生法律意识有着很高的可塑性。社会、家庭的积极努力和高校的良好法律教育对大学生法律意识的培养起着决定作用。

通过了解掌握一定的法律,可以建构起大学生对法律的认同心理,树立起坚实的法律信仰以及运用法律来调节自身行为、处理复杂社会关系的能力,这可以称之为大学生的法律意识。我们可以从以下三个方面来把握大学生法律意识这个概念:具体是对立法原则和法律知识的掌握,法律意识与信仰的养成以及基于外显行为的法律规范判断。马克思主义哲学的内外因辩证原理已经说明,内在因素是事物发展的依据,外在因素是事物发展的必需条件,同时外在因素通过内在因素发挥作用。正是由于外部环境的影响才得以进行青年大学生法律意识的培养,再加之内部环境的作用,使得大学生自身的法律意识学习认知形成一种能力。因此我们要通过加强青年大学生外部和自身教育两方面去提升整体大学生的法律意识素质瞄引。

而大学生法律意识培养的主要内容则包括:①培养"亲

法"观念。法律意识的外在体现即是法律心理。大学生法律
心理可分为"亲法""恶法"和"冷法"三种。"亲法"心理是良性
的法律思想,体现了此类大学生对法律的信仰与坚守。此类
大学生通常会将法律规范视为行为依据,注重捍卫自身权利。
在大学生法律意识培养过程中,高校理应将"亲法"思维传输
至所有大学生,并形成对国家法律的信任、信心和信念。此情
况下,大学生会认识法律和理解法律,自觉地遵守和尊重法
律,构建起对法律的坚定信念与信心。②培养法治观念。在
法律意识中,法律观念是其中坚力量。法律观念可分为传统
法律观念和现代法治观念。现代法律观念强调遵守法律至
上、注重人权、追求自由平等、捍卫公平正义社会行为等基本
价值观念。培养大学生法律意识的最重要环节是从传统法律
观念转变至社会主义法治观念。

现代法律观念主要包括以下几方面的内容:

法律至上的观念:法律至上,是法治观念的重中之重,具
有深刻的意义。首先,是法律高于所有社会群体。其次,是法
律指导着个体的所有行为,并且法律确立了所有的社会规范;
同时法律也制约着权力。

总体上讲,法律至上和公民的法律意识之间是相互关联
的,公民既是法律的管辖对象,又是法律的承受者,所有法律
法规的执行必须有个体的支持,这样才会形成社会价值。当
全体公民法治意识较强时,即使法律有某些缺陷,也可以借由
其坚定信念和客观努力去健全法律,完善法治。只有坚定法
律至上的信念,当代大学生才能够意识到法律是公民的最为
关键的和基础的行为规范,才会将法律作为标准,对法律形成

归属感,认为在现实生活中法律是最关键的行为准绳。

权利与义务相统一的观念:在社会生活中,公民拥有哪些权利、承担哪种义务,并不是由个人决定的,而是由社会特定的规则所认可的、限定的、赋予的。法律以赋予公民某种权利并使其履行相应法律义务的形式,来规范公民的社会行为,完成改善社会关系的目标。"没有脱离义务的权利,也没有缺乏权利的义务"。总之,当你享有某种权利,于是你就要履行相应的义务,反之亦然。并且权利与义务二者各有其作用范围,越过权利的范围,就将会导致"越权"或"滥用权力";跨越"义务"限度就是要求他人承担义务,也是侵犯人权。现今大学生对权利义务之间关系的认识是不全面的。有许多大学生当其自身合法权利经受损害时,并不是使用法律方式保护自己的合法权利,而是用忍气吞声、委曲求全等消极的态度处理问题。与此同时,高校也应当教育大学生不能仅仅关心权利,理应在享有权利的同时,主动承担其相应的法律义务,同时负起相应的法律责任。

权利平等的观念:平等是从古至今社会所崇尚和努力的理想目标。平等的含义是公民在社会中的地位是相同的,同时在法律、政治、经济、文化等各方面享有一样的权利。我国宪法明确指出公民在法律面前人人平等,公民平等地享有法律规定的权利和履行相应的义务,所有人不能凭借其社会地位、身份、家庭因素等来获得高于法律之上的特权。所以说真正的平等是指在法律规定的相同环境中,任何人都享有同等的权利,不得有所歧视或享有特权。坚定权利平等的意识,要求公民不仅要塑造与我国市场经济相符合的平等观,加强公民的先进平等意识;也要正确认识在当前社会中存在的不平等现象,正确看待分歧,并且致力于消除分歧。因此,合理看待当前社会平等与差别的矛盾的关系决定着当代大学生法治观念的塑造。

正确的诉讼意识:在当今社会环境中,采取司法手段即经由法律诉讼处理社会矛盾应该是最正确的方式。当前的社会秩序是属于法律秩序范畴,公民纠纷若是仅采取非正当、非法律手段来处理,就是违背了正规法律秩序,同时也将损害公民自身的利益。现今大学生诉讼观念相对较弱。一方面因为中国封建传统思想的影响,采取"和解""私了"的方式来处理纠纷;另一方面是对法律知识掌握的不全面,出现滥诉的现象,他们往往小题大做,借题发挥。不能合理和正确地行使自己的诉讼权利,不但损害了公民诉讼权利,而且伤害了法律在公民心目中的威信。大学生既要了解到法律是捍卫公民权利的正当方式,也要了解到法律并不是无所不能的,其客观性和发展性以及讲证据和讲程序的烦琐,往往使公民耗费相当的精力和时间。于是,合理行使公民的诉讼权利,才是处理社会纠纷的最佳途径。

(三)大学生法律意识培养的重要性

当代青年大学生理应是作为一个知法、懂法、守法并且善于运用法律知识来维护自身权益的特殊群体。大学生需要不断在学习和工作生活中了解和掌握有关的法律知识,不断地充实自己的法律知识,成为一个具有法律素质的现代人。与此同时,大学生作为中国特色社会主义建设的主体力量,他们有着敏锐的思维和独立思考的能力,他们容易接受新事物、新思想。但因为一些不良的社会风气以及法治教育的不完善,导致了青年大学生对法律没有足够的信任。其次,青年大学生的法律意识不成熟。从大学生的年龄上看,他们是一个在青年和成年之间的特殊体,由于他们身心并不成熟,导致他们的人生观和世界观并不完善,他们的法律意识具有易变性和不成熟性。此外,当代青年大学生法律意识淡薄,无法完全地保护自己被侵犯的合法权益。由于当前大学生在面对违法犯罪时没有足够的经验,所以缺乏胆识和法律意识,缺乏必要的正义感。并且长时间受"应试教育"的影响,当代大学生所了解的法律知识,仅仅限于课堂上教师的教导,而不是积极主动去学习法律法规。

大学生综合素质包含大学生应当形成并完善正确的法治观念,对国家当前法规有充分的认识和理解对提高大学生综合素质起着重要作用。同时大学生又是社会未来发展的推动者,是具有高水平的知识分子,在一个完善的法治环境之中建设起来的国家在能够预见的未来一定居于领先行列。在大学期间,高校加强对大学生法治观念的塑造以及法律知识的广泛教育,注重大学生法治观念的建立和完善,能够更加有效地开展依法治国方针、有助于加强高校人才教育水平,同时也提高了大学生的权利自我保护意识。

1.提升大学生法治观念的现实原因

(1)大学生自身提升的要求。我国已步入全面建成小康社会时期,已步入全面开展各领域建设项目发展的关键阶段,此时国家所需要的就是各个领域的专业精英。大学生作为建设国家的关键因素,其是否具备正确完善的法律意识显得举足轻重。在大学阶段,大学生们吸收相关专业理论知识和提高自身各方面的素质,离开大学后就会承担起国家建设事业的责任,为实现"中国梦"贡献出自己的力量。若是他们缺乏足够的法律意识,他们将在外界的诱惑下抛弃自身的原则,一旦他们的精神被腐蚀后,就很容易滋生不良的风气。尽管有时尚未产生恶劣的后果,然而通过权利之便牟取自身不法利益不仅因他们的行为而让政府丧失威信,而且致使一些不正之风死灰复燃。以上都对法治国家的建设施加了负面影响。若是他们具有健全的法律意识,同时用这种法律意识指导工作行为,那么他们在面对诱惑时会坚持标准性、正确性的原则,端正自己的行为,同时也将给法治建设的开展施加积极影响。在当前时代,经济全球化范围愈来愈广,这是一个奉行"和平与发展"的时代,每个领域都在面临着发展机遇和严峻挑战,大学生若要在这些机遇和挑战中克服困难,锐意进取,有所收获,就要求他们既要了解和遵守国内的法律法规,也要去了解和遵守国际间的法律法规,如此就会在工作中捍卫好自身的权利,为全面建成小康社会添砖加瓦。

(2)开展社会主义法治国家建设的要求。我国是一个发展中国家,各领域的建设迫在眉睫。党的十九大明确提出要完善法治建设,来适应社会主义经济的快速发展和新形势的需要。过去的历史经验告诉我们,所有新兴领域的高效建设,都一定要有领头人,他有着率领指挥的作用。人作为社会活动的执行者,这一领头人不可否认就是将来我国建设和发展的开拓者,并且这一开拓者的中流砥柱,就是当代大学生,未来国家中的中坚力量。要完善当前法治社会建设,大学生是必不可少的因素。他们经历过优秀正规的专业培养,经历过法律知识的系统性教育。他们尚未步入社会,他们朝气蓬勃,他们的思维不会故步自封、一成不变,而是标新立异、另辟蹊径,并且可以更容易地学习和了解新鲜事物,饱含着为国家为民族抛头颅洒热血的使命感、荣誉感和责任感。

大学生是国家兴旺的关键因素,也将是我国法治建设的主力军。于是要求他们加强自身的法治观念,起到模范带头人的作用。大学生法治观念与法律意识的塑造完善一定要以大学生为中心来开展,同时借助对大学生的培养,让他们既从理论也从实践上理解民主与法治、自由与纪律、权利与义务三者之间的关系,使大学生不仅要遵纪守法也要锐意进取,在法律规定的范围内自力更生、奋发图强。

为了更好地提高我国建设法治社会的水平和能力,法律意识的塑造对大学生来讲就变得尤为关键,高校应该努力推进这方面的教育,并使其完善化,那么社会主义法治建设的根基就会变得坚不可摧。

(3)国际经济文化合作交流的需要。在多元化、全球化、一体化程度逐渐增强的现在,世界各国都在加强与其他国家和地区各个领域的合作,以提高经济竞争力。我国也是如此,并且这种沟通与合作是建立在一个良好的经济文化发展环境的基础之上的。法律就是为维护这种环境提供了坚强后盾,完善的法律法规是提升法律公信力的关键。现今我国法治建设的方向是把国家建设成为一个社会主义法治国家。处在当前的社会环境中,作为栋梁之材的大学生若是缺乏正确的法治观念,必将在未来的经济文化的发展领域受到种种挫折。并且我国市场经济要想平稳、健康、合理地发展,就一定要依靠法律的武器来维护。各种历史经验告诉我们,良好发展的市场经济背后所仰仗的一定是健全的法律系统。若要建立平稳健康的市场经济,仅有健全的法治也不是一劳永逸的,也一定要有具备较强法律意识的市场经济领域的人才来约束和指导。大学生是国家建设的领导者、建设者、保护者,也是实现中华民族伟大复兴目标的中流砥柱,若要把将来的社会建设成一个有法可依、有法必依的法治社会,既要求大学生具备良好的专业素养,更要求他们具备强烈的法治观念。那么,现今开展大学生的法律意识的塑造工作一定要摆在一个极其关键的,重点的优先地位中。国家和高校应联合采取行动去提高大学生的法治观念建设水平,为祖国发展提供各领域高素质人才。

三、法治素养下的大学生法律意识培养

全方位开展依法治国,积极建设法治中国已经变成当今时代的最强之音。除了国家积极进行依法治国战略之外,其更多的是有赖于全社会公民法律意识的进一步增强。青年大学生是在我国未来社会中处于主体地位的特殊群体,他们法律意识的培养和提高,对于依法治国战略的有效实施必然会起到非常关键的作用。

在我们所期望的法治社会中,需要社会公民尤其是青年大学生对法律信仰。也就是说,对法律信仰需要公民形成良好自觉的习惯。对青年大学生进行必需的社会主义法律意识培养是中国特色社会主义市场经济的必然要求。当前背景下,我国正处于向市场经济转变的社会改革之中,每一个社会公

民都需要去积极适应经济社会的这一显著变化。法治经济作为市场经济的实质,它所反映出的人和人之间的关系更多地由利益二字表现出来。人和人之间的交往不是完全取决于信任的,单单靠道德的支撑是远远不够的。道德作为传统法律关系的突出特征,它正在渐渐向以契约为特征的现代法律关系改变,因此其突出强调了现代社会关系中人们主体地位的平等。对青年大学生开展必要的法律意识教育,让他们可以适应市场经济的发展变化,让他们学法、知法、依法办事,时刻依据法律维护自己的合法权益。当然,青年大学生学法和用法并不是机械地学习掌握法律。法治社会也并不是要去要求社会的全部公民都成为优秀的法律学者。其实,对一个普通公民或者是非法学专业的大学生来讲,法律自身并不那么重要,关键是去学习法律意识以及法律思维,有了这些,就算人们对具体的法律并不十分了解也决不会影响他们拿起法律的武器来维护自己的权利。

(一)加强大学生法律知识学习力度

党的十八届四中全会通过的《中共中央关于全面推进依法治国若干重大问题的决定》中明确提出将依法治国基本方略上升到国家高度成为国家战略。积极开展法律宣传教育工作,是落实中共中央依法治国方略实施的重要举措,是全面促进依法行政、建设法治政府的内在要求。在我们国家深入推进"依法治国,建设社会主义法治国家"的过程中,影响法治的更深层面的要素是公民自身法律意识的结构和状况。法治社会的昌明、依法治国基本方略的有效实施和公民健全的法律意识以及对法治理想的确信分不开关系。可以这么说,公民法治意识的增强和整体法律素质的提高,不单单是建设中国特色社会主义法治国家的前提和基本条件,也是依法治国顺利推进的必然结果。大学生作为祖国的未来,民族的希望,他们是作为推进法治进程的主体力量而存在的,所以说他们的法律意识水平直接影响着依法治国方略能否顺利进行以及会对我国未来"五位一体"的建设格局产生的影响。探析青年大学生意识结构内容,特别是法律意识结构情况这一方面以及对当代青年大学生进行有针对性地法律意识的培养,除了对我国的法治实践有直接的现实意义外,而且还是我国成为法治国家的必然要求。因此,我们要高度重视他们法律意识的提升,让他们树立起根深蒂固的法治思维。青年大学生需要通过自身法治理念以及实际的法律行动,积极促进依法治国的全面实施。在国家积极推动"依法治国"的环境下,政府、社会、高校需高度重视青年大学生法律意识培养,深度探析当代大学生法律意识培养的新模式,不断提高青年大学生的法律意识。

法律知识是法律意识的一个重要组成部分,是有效度量法律意识水平高低的一个标准。从近几年来发生的一些高校案件来看,虽然我国高校的法律基础教育已经不断普及,但是青年大学生的法律知识还是十分薄弱。以此看来,我国大学生的法律基础知识大部分只是停留在表面阶段,很大程度上是自身日常学习生活中对法律知识的一种肤浅表面的感性认识,远远没有达到高水平的法律思想体系。我国高校的青年大学生虽然在课堂上学过一些法律知识,但他们整体的法律知识水平略低。与此同时,当代青年大学生的法治观念比较淡薄,有时候也只是关注和自身利益相关的法律问题,比较看重眼前利益,展现出较强的实用性和功利性,还有一部分青年大学生认为自己遇到法律问题的概率很低。人只要是在社会中生存的人,其实每时每刻都在与法律以及法律有关的问题密切联系。正是因为当代大学生没有足够的法律意识,缺乏最基本的法律常识,有时候他们在无意识的情况下就违反了法律。因此,我们要努力提高青年大学生的法律意识,拓宽他们的法律知识层次迫在眉睫。青年大学生是作为祖国的未来、民族的希望而存在的,他们是中国特色社会主义的建设者和接班人。因此在推动依法治国实施,建设社会主义法治国家的过程中,积极提升青年大学生学习法律知识的热情十分必要。

我们在大学中开设了大学生法律基础课程,通过对基础法律课程的学习,逐步增强当代大学生对法律知识的认识和掌握,让他们从对法律只是浅显的理解、感性的认识上升到可以更好地认识法律的深层面的内涵,这样他们对法律便会有更加深刻的理性认识,通过学习法律基本常识让青年大学生对法律意识发生质的改变。在法律课程的学习中,老师可以进行鲜活生动的案例讲解,这样学生便容易掌握基础的法律知识,更好地理解宪法及法律的基本规范,从而更加深刻地去实践党的依法治国战略,提高对法律的认识,加强自身法律意识。除了课堂上的学习,大学生也可以通过日常生活中其他方式进行法律知识的学习,例如,可以观看电视法治节目,模拟法庭等。

从另一角度看,法律知识是青年大学生必须具备的素质之一,作为青年大学生通过学习法律基础知识,能够提升自身修养,规范自我行为,树立起正确的人生观、价值观、世界观,促进人和人之间的关系,遵守法律,享受个人权利,履行义务。促使某一个人进行某项活动的根本动力是其自身的主观能动性。当代青年大学生如果想真正锻炼自己在法律意识方面的能力就需要从自己入手,首先,思想上要逐步加强对法律学习的重视程度。其次,重视在日常生活中所应用到的有关的法律法规的学习,在生活中逐步增强对法律的应用能力,当自身权益遭受违法侵害时能够准确、果断地拿起法律武器来保护自己。最后,在家庭、学校与社会三者之间的共同协助下逐渐提高自己的法律意识。

通过一定的法律基本常识学习,法律意识才能更好地被建立。法律意识是社会意识的一种形式,是公民对法以及相关法律现象的观点、知识和心理态度的总称。内容包含它对法的本质、作用的认识,对现行法律的评价以及解释,对自身权利和义务的理解,对某一种行为的评价以及关于法律现象的知识和法治观念等。大学生法律意识就是其对法、法律或者现象的反应方式,即心理、知识、观点和思想,也包含着对法律的情感、认知、评价和信仰等的内在反映,这种反映是积极向上并且是主动的。就青年大学生而言,他们的年龄层次、教育程度都区别于其他社会群体。因为青年大学生还没有形成成熟健康的人生观,所以导致他们观察问题、探究问题不够全面清晰,因此他们的法律意识带有明显的易变性和不成熟性。

所以培养青年大学生的法律意识,对他们自身成长和中国特色社会主义法治进程都有着积极正面的现实意义。为了适应当代法治社会对人才的需要,必须把大学生的法律意识教育放在重要位置。培养青年大学生的法律意识这个过程它不可能一朝一夕就能完成,它需要长远的规划以及具体切实的安排,这个过程是一个系统且复杂的社会教育工程。所以我们要做的是把学校教育、社会教育、家庭教育、心理教育四者密切结合起来,把它们和国家的法治建设工程同步,使得社会整个大环境形成良好的法治氛围,这样才能给社会带来更多的具有法律意识的优异人才,才能更好地推进现代化事业的建设。21世纪的青年大学生,他们是社会主义的接班人,是先进文化产业的优秀代表,青年大学生必须树立国家主人翁的责任感和人民公仆的义务感。在毕业之后,走上工作岗位之前,他们要积极努力增强法律意识,树立起全心全意为人民服务的思想观念,以后走上工作岗位,更好地为人民服务。

(二)创新高校法律教育教学手段

1.深化法律教育课程改革

当代大学生需要具有健全的法律意识,养成依法办事的行为,首先要做的就是学习法律常识,掌握基本的法律知识。因此,高校的法治教育课程就成为最基本的关键性环节。各大高校在制订人才培养计划和教学方案时,需要把培育大学生法律素养放入其中,有效发挥课堂教学的主渠道和阵地作用。课程中《思想道德修养与法律基础》作为增强青年大学生法律意识的关键载体,首先,教授课程要配备优秀的师资力量,任课教师必须具备良好的法学专业背景,定时参加法律培训,优化教师的知识结构,以便提高其法律素养。然后,要优化教学内容,根据青年大学生的年龄特点和专业需要进行充分考虑,提高他们主动学习的热情。结合现实情况和时政内容引导学生从法律的角度突出法律意识教育，学会站在法律的高度上思考问题，牢牢地将法律意识内化于心，成为行动的前提。最后，要转变教学模式。从枯燥乏味的"说教式"积极向生动形象的"启发式"改变：从只对法律知识的无趣讲解向多样化的网络教学、课堂讨论改变，让学生成为课堂的主导者，并引导学生探索和认识有关的法律规范与现实材料之间的关系。这样通过课堂活动的观察和参与，能够有效提高青年大学生用法律思考问题、解决问题的能力，实现在实际中感受法律，在现实中懂法用法的目的。

就目前高校而言，高校开设的课程主要是思想道德修养与法律基础课，大学生通过这门课学习和接受法律意识的培育，但这门课程学时较少，内容繁多，如果在这么短的时间里让学生们掌握各个方面法的内涵和内容条文是不可能完成的。法律的基础性教育应该把提高青年大学生的法律意识作为目标，培育学生理解、分析和解决问题的水平。所以，教师能够通过理论联系实际这种形式，让学生们探析法存在的意义，我们遵循法、维护法的意义。需要透过现象看到它的本来面目，这样才能在青年大学生心中确立法的权威性，从而更加坚定法律信念，养成法律思维、依法办事的行为习惯。除此之外，教师也要充分依据法律案件，来培养学生们的法治能力。

除上述所列内容，还可以通过设置方向不同的法律课程，来增加大学生学习法律知识的热情。通过调查了解，当前许多高校非法学专业类的大学生只有法律基础课这一门法律课程，这一门课程无法满足大学生学习法律知识的渴求。因此，各大高校可以开设一些法学选修课或者辅修课,给他们提供更多认识法律的机会。例如,可以根据不同年级及不同专业分别开设法学论、知识产权法、经济法、劳动法、刑法、诉讼法等课程,大学生完全可以根据自己的兴趣去参加相关的法律课程。

此外,任教老师也需要将实时教材和先进的教学技术共同运用。我们传统意义上的教材大部分是纸质的,许多大学生早已对纸质的教材厌倦,他们喜欢新鲜的事物,所以简单地依靠传统教材进行法律培养课程,这将很难激发大学生的兴趣,而且课程的实效性也无法体现。所以为了克服传统教材的单一式教学方法,我们需要把现代教育的技术手段应用到法律培养学习中去,这样就能有效提升法律意识培养的教学质量和效果。高水平的教材不单单让我国的教育事业拥有更加旺盛的活力,还可以为青年大学生学习法律课程提供便利。与此同时,还加强和促进了师生间的情感交流。

总之,当代大学生法律意识培养需要积极调动每一个学生的主动性,采取灵活多变的教学活动,让学生们能够真正参与到教学实践中,这样对青年大学生深刻理解法律有着十分重要的作用。

2.校园文化与法律教育结合

校园特色文化活动也是增强青年大学生法律能力锻炼的一项重要活动。法律能力的提升在一定程度上依赖于法律环境、法律文化和不可缺少的实践锻炼。校园文化氛围属于学校文化建设的一部分,彰显大学生的主体性以及尊重学生基本权利的校园环境管理、学习行为管理等制度所形成的学校文化环境,不仅对青年大学生的思想行为具有一定的调节、约束和导向意义,还能使青年大学生依次树立起相互尊重、公平竞争、遵守法则、积极进取的良好习惯以及平等、民主、文明、和谐的校园制度氛围。因此开展丰富多样的校园特色文化活动是非常需要的,也是非常有必要的,多彩的校园活动能够建立一个充满法律文化和法治观念的良好氛围,能够建立一个这样的氛围就是良好的开端。

把校园环境建设和法治环境建设密切结合在一起,积极创办有高校特色的法律文化环境。各大高校必须切实做到"依法治校",建立健全完备的规章制度,深刻贯彻"以学生为中心"的思想教育理念,在相关的学生教育管理的制度制定和落实的环节中,广泛征求、合理采纳学生的意见和建议,这样让大学生充分感受到被法律尊重的主体地位,使他们自觉用法律规章制度来约束自己的行为规范。此外,在大学生比较关注的党员评优、奖助学金评定等有关青年大学生切身利益的问题上,高校要严格遵循相关规章制度,公开公平进行,禁止特殊化,使大学生对法律的情感和信仰升华,从自身角度出发尊重和认可法律,从而培养法治意识。

此外,我们可以利用高校先进的电子教学设备,通过采取各种各样生动活泼的教学形式,举办各种例如专题讲座,法律知识竞赛、辩论赛,普法宣传栏,模拟法庭等内容丰富、形式多样的校园文化活动,使每个学生都能自主参与到活动中,从而得到教育和启发,极大地激发青年大学生对法律现象关注的热情和兴趣,这种生动活泼又务实的校园法治文化活动,是提升青年大学生法律意识切实可行的途径之一。

3.加强网络环境下的法律教育

随着现代科技的飞速发展,网络已经进入到大学生活学习的各个角落中。互联网的使用主体开始渐渐变成当代的大学生,与此同时,大学生利用互联网犯罪的案件也在悄然增加。近年来,社会对青年大学生利用互联网进行犯罪的案件越来越关注。所以,在青年大学生现行的法治教育中,应该增加网络法治教育的条文,使大学生通过对法律学习培养自己的法律意识和法治观念,从而使整体的法律素质得到提升。

科技的迅猛发展使得我们走向信息化便利化的社会环境,在如今这个资源众多,信息共享的时代,青年大学生会根据自己的需要和想法去选择各类信息,所以高校绝不可能只通过单一的渠道去传播法律理论,而是可以借助媒体、互联网等大学生认同和接受的方式,把新产生的法律、法规传递给他们,达到帮助他们认识和掌握法律的目的,最终,通过多途径的方法间接地提升他们的法律意识。另外,学校组织管理部门等可以通过设立"高校大学生法律信息网站"、微博、微信公众号等其他方式达到宣传法律知识的目的,网站可以创立社会版、校园版等,通过学生会和班级实行分块管理责任制度,进行分层管理,具体内容可以包括认知法律基础知识,公布法律有关信息,进行积极的互动交流以及热点案例探究等工作,各大学校可以指定有关的法律教师进行现场指导、咨询把关。设立"青年大学生法律信息网站"真正的意义是为大学生提供一个和法律相关的交流平台,让他们在习得法律知识的同时,积极参与问题的分析,这样不仅增强了青年大学生思想上的交流,还进一步地传播了法律知识,对增强青年大学生的保护意识和学校进一步了解学生的思想有重大意义。

所以网络的飞速发展,给学校法治教育拓宽了渠道,提供了形象生动的现代化教育手段。众所周知,网络虽是虚拟世界但也需要法律的约束,我们要为自己在网络中的行为负责。增强对当代青年大学生的网络法律教育,这就要求我们一方面要对青年大学生进行有针对性的互联网法治教育;另一方面,也要加强对互联网的监督管理。各大高校要积极发挥网络管理机构的职能,去选择和培养一些具有高素质和专业技术的工作人员,在网络信息的处理方面,我们要建立一套完备的、高效的规章制度,有效过滤不良信息,让负面信息传播不到大学生的生活中,为他们建立一个良好的网络环境。此外,也需要根据学校的能力和需要,组建网络法律教育阵营,创办高校法律教育网。高校需积极有效利用信息化手段,营造法律教育新平台,利用互联网为青年大学生提供高效的法治教育。对于校园网络环境建设方面,我们要遵循网络传播规范、正确引导舆论,积极开展正面宣传,通过健康积极的方式建立网上文明的法律规范,从而开展各种有意义的网络活动。

(三)重视社会实践活动

法律是作为实践性非常强的学科而存在的,没有经过法律实践,就无法真正地认清楚法律的本质。法律实践活动不单单能够促进青年大学生从掌握实际知识到开始某种情感态度、意识信仰的转变,还能够推进青年大学生从意识向行为的过渡,使中国特色社会主义的法律意识和法治原则真正进入青年大学生的血液,成为他们的灵魂的一部分。当代大学生需要将法律知识转化成为坚定的法律意识和正确的法治观来指导自身的行为,想要实现理论到实践的跨越,关键是需要通过法律实践这个纽带和中介。所以,我们应该鼓励大学生走出课堂和校园,走入社会去参加各种形式的法治社会实践,这样的行动使学生参与其中,真切地感受法律在实际生活中的广泛作用,感受到法律的神圣不可侵犯,更深刻地理解在课堂上所学到的法律知识,从而培养其自觉的法律思维和法律意识。

高校可以积极联系地方司法部门,与当地司法部门联合建立实训基地,有效利用法治教育的"第二讲堂",让青年大学生积极参与一些主题鲜明、形象生动的司法实践活动,例如旁听相关民事、刑事诉讼案件、经济的审判会议,身临其境感受法律在社会中的切实作用。还可以请法官、律师和立法工作人员来学校分析违法犯罪典型案件、增设法律讲座和咨询、参观看守所、旁听审判等一系列活动,利用发生在身边的司法案例对青年大学生开展直接、生动的法律教育,遵照法律教育的特点,理论联系实际,给予大学生适当的引导,使他们学以致用,举一反三,提高自身法律修养。在多种多样形式的社会实践活动中,让大学生深刻巩固法律知识、完备自己的知识层次,锻炼自己拿起法律武器解决现实问题的能力。

青年大学生朝气蓬勃,正处于积极发展的时期,他们喜欢团队合作,喜欢和同学一起学习、共同工作。所以,高校往往可以根据大学生的这一心理,开设校园法律文化活动,通过文化活动带动大学生进行丰富的法律意识培育,从而引起他们的热情,使更多的大学生能够积极主动的参加进来。校园法律文化活动的开展将会促进青年大学生了解和掌握更多的法律常识,这将会更深层次地提升大学生的法律文化素质。我国的法治宣传日是每年的12月4日,意义深远的主题能够汇聚力量,传播法律内涵,各大高校在进行法治宣传活动时如果也像法治宣传日一样制定出一个主题,将会汇聚青年大学生的力量,将法律精神发扬光大。此外,高校除了在这特定的宣传日宣传法律知识,开展活动之外,更关键的是在平常的日子里开展一些符合当代大学生特点、有较强吸引力的法治宣传活动。比如,进行法律知识有奖问答竞赛,法治小品表演赛、法律论文比赛,诸如此类,让青年大学生不仅仅成为法治的宣传者,还是参与者和实施者。其优点:①营造了良好的法律实践气氛;②实现了理论和实践结合的教学目标;③升华了学生法律意识教育的有效性。

提高当代青年大学生法律意识,不仅是学生一个人的事情,也不仅是高校的责任,而是一个全社会的系统教育任务,提升青年大学生法律意识需要在全社会营造良好的法治文化氛围。大学教育阶段是青年大学生价值观形成的重要时期,这个时期同时也是大学生逐步树立法律意识的时期。在这一时期,社会舆论和媒体宣传对大学生有着重大的影响,树立积极的法律意识需要全社会媒体的宣传和引导。通过电视、报纸、杂志和网络等媒体的宣传向青年大学生普及法律知识的影响是巨大的,青年大学生每天都在通过不同的途径接触这些媒体资源,正确的宣传和引导,可以帮助青年大学生树立起良好的法律意识,同时法律意识在一定程度上和法治的不断健全和发展有着千丝万缕的关系。要提高当代大学生乃至全体公民的法律意识,首先国家需要将"依法治国"的方略真正落实,加强立法和提高其质量,制定一些针对性较强的法律条文,使其在认知情感上对法律产生信仰以及依赖感。然后是克服无法可循、有法不依、执法不严、违法不究等这些法律乱象,各部门行业严格根据法律条文办事,严厉打击腐败,惩治犯罪,建立完善的社会监督机制,保证司法机关司法独立和公正。最后,社会要为青年大学生增强法律意识创造良好的法治环境,因为良好的法治环境,可以纠正大学生忽视法律的错误思想,更能够消除某些大学生的侥幸心理,减少违法犯罪的发生,使他们的法律意识得以逐步提高。

青年大学生是祖国的未来和民族的希望,在育人的目标上,家庭和社会需要同高校保持完整的统一性,积极努力创造育人的良好大环境。高校法治教育工作是一项非常复杂的系统工程,特别是在当今这个飞速发展的社会中,仅仅靠学校的力量开展法治教育显得势单力薄,劲头不足,我们需要学校、家庭和社会的一起努力,相信在三方的共同努力下,一定可以建立起一个课内、课外,校内、校外相结合的三位一体的法治教育网络体系结构。

(四)重视家庭法律素质教育

社会最基本的单元组成是家庭,它是我们成长生活和学习的重要场所,是青年大学生法律意识形成的初步起点,并且父母是孩子的第一任老师,家庭教育对学生的成长以及法律意识的提升是学校和社会教育不可替代的。良好的家庭环境有益于大学生养成良好的个性,自觉形成遵纪守法观念。大学生家庭教育的本质含义是他们在读大学期间受到关于家庭环境、成员在伦理道德、情感生活等方面的直接间接的熏陶和影响。虽与学校传授知识及专业化教育的功能不同，但其目的都是相同的，也是宣传法律法规的重要根据地。因此，家庭教育氛围的好坏直接影响大学生健康心理及健全人格的养成。所以不良的家庭教育会导致青年大学生心理缺陷，这往往会造成大学生违法犯罪的高发。

有很大一部分家长，对孩子疏于监管，过于宠爱孩子，经济上过于满足他们却在精神上忽视他们，导致他们缺乏家庭中父母给予的温暖，以至于淡化了道德和法律意识。因此，父母对孩子的关心和正确的教育就显得尤其重要。但是家庭这种教育不同于学校教育，它基本上是靠父母的日常行为习惯来影响孩子，使孩子在父母潜移默化的影响下认识他人事物和自我等社会的各个方面。这种感性的认识不管是一种直接，还是间接对人对事的反映与感知，都是通过孩子的意识显示出来的。家庭教育属于一种亲情教育的范畴，每个人的父母都"望子成龙，望女成凤"，在这种传统美德的影响下，家庭教育常以谆谆教导的方式去教育孩子正视法的心理、态度、情感、认知。对法律权利义务的理解以及某些行为是否合理、合法的态度等是通过具体的、实实在在的行为传达给孩子，并逐渐培养孩子的人生观、价值观（包括法律价值观），深化他们对法律的认识，从而形成法律意识。从这个角度讲，在青年大学生法律意识形成过程中，家庭教育具有潜在积极性。

家庭法治教育是家长通过自身法律修养站在法律的高度上教导子女认识他人以及社会关系的一种教育方法，使他们逐步认识到法律的强制性，引导他们对自身行为规范进行约束。青年大学生融入社会生活之前的必经之路是家庭法治教育,它是青年大学生保护自己、尊重他人的基础,同时也是增强公民法律意识的重要路径之一。我国大部分青年大学生既有成为良好公民的潜质,也有可能违背法律沦为罪犯。家庭法律教育的目标是将外部约束减至最低程度,培养青少年内在自制力,就是要把青少年培养成一个合格公民。

我国的家庭法治教育开始于20世纪80年代中期,经过40多年不断的风雨发展,可见其重要意义,而且其理论研究硕果累累。但前几年频发的大学生犯罪事件都无时无刻不刺激着我们的神经,案件中犯罪嫌疑人对生命的漠视,对法律的忽视,展现出目前家庭法治教育的严重缺失,让我们不得不认识到如下几个问题:①当前家庭环境下父母忙于工作很少向子女传授法律知识,还有很大一部分家长没有接受过较好的法律教育,致使他们法律意识淡薄,不懂法,更没有办法给子女良好的法律教育;②家长认为孩子不会遇到法律问题,也没必要接受法治教育,特别是在子女的生活中没有引起足够的重视,存在侥幸心理;③出了问题再教育,这是许多家长的观点。由于父母的疏忽,导致孩子法律意识不强,没有做到防微杜渐,从而引发违法犯罪的发生,发生了犯罪行为家长才认识到其严重性,此时再进行法律教育都是"事后诸葛亮"。因此,对家庭法律教育功能的正确调整应注意以下几个方面:

1.提高父母的法律修养

当代大学生应该塑造正确法律观,首先需要父母有良好的法律文化素质以及较高的自我修养与品行。但由于自身存在的问题,目前一些中年父母大多有受教育程度低、文化水平不高、封建家长制思想严重等问题,缺少当代社会家庭必需的法律观念和精神素养,所以,家庭教育方式的改进与落实势在必行。因此政府必须加大家庭教育方面的投入,与此同时,父母也应接受包括法律知识在内的当代社会文化知识的培养。父母不但要懂法、守法,更要清楚如何在生活中应用。如果父母自身法律意识无法提高,就不会有高素质的家庭法律教育。

现阶段,成功的教育应当是社会、家庭、学校三位一体的模式,孩子成长与学习的任何一个阶段都不能脱离家庭与社会的紧密配合,大学生的法律教育工作更应如此。所以,想要提升大学生的法律意识,家长必须提高自我修养,只有这样才能树立好的榜样,因为父母是孩子最好的老师,其一言一行都可能会影响孩子。父母自己需要进行法律知识的学习累积,要通过正确的法治思维去引导和教导孩子,需要给孩子们树立正确的知法用法的榜样,同时,父母要努力配合学校开展的法律素质教育,这样多管齐下才能真正提高孩子的法律自觉性,增强他们的法律意识。除此之外,居住地所在社区也可以举办有关的法律教育演习活动来净化社区环境,促进家庭法律教育开展的有效性。其次家长要特别注意教育与交流的方式方法。关注孩子的心理健康状况,及时发现、及时治疗,配合学校矫正大学生存在的问题。

2.完善社会保障机制

家庭教育是在家长对社会的态度和对社会的认识的基础上展开的,孩子是通过对家长的行为道德模仿去了解社会、经历社会最终步入社会的。所以,想要调整相关社会管理行为,首先要调整家庭教育功能。通过舆论导向促成家庭幸福观。

父母对子女的情感投资可以看作是对法律建设以及社会安定的投资。社会应倡导热爱家庭,提倡民主、平等友善的家庭关系,形成共同进步、自由友爱的家庭风气,使每个家庭都有生活资源。目前我国仍有很大一部分家庭只能维持温饱,单亲家庭更是举步维艰,只能把养家糊口作为生活目标和精神追求,整日辛勤劳作,导致身心疲惫,有可能会导致父母对社会制度的抵触情绪,这折射到子女心里会产生反社会、反制度的冲突型人格,因此就需要社会保障制度来处理这些问题。健全社会保障制度,使每个家庭都有生活资源,这是一个社会和谐的基础,这在很大意义上决定了大学生的法律观念的树立。

3.形成家庭教育中的法律意识

目前中国正处在向法治社会的转型期,国家高层领导人早已关注到家庭法律教育问题。提高青少年的法律素质是提高全民法律素质的关键,转型期青少年的法律素质的高低决定了将来法治社会的方向。当代独生子女在改革开放和全球经济一体化的国际大背景下,电视、网络传媒向他们灌输了现代社会的科学观、法治观,在现代科学知识的掌握与驾驭能力等方面已经超越了他们的父辈,所以,他们的超前意识与父母的传统、保守的观念会形成巨大的矛盾,但他们又缺乏判断是非的能力。面对日渐复杂的社会环境,他们的行为通常表现为盲目、赶潮流、非理性,家庭教育面临着不小的挑战。所以,家长要确立终身接受教育的理念,积累、掌握一定的现代社会必备的科学文化知识,包括法律知识,才有资格做一个合格的家长。在此前提下,告诉子女在社会关系中应有的付出和回报,何种状况下更容易受到侵害,受到侵害后如何自我保护,尽可能多地让孩子接受法治教育,让他们清楚法律是保护他们的重要武器。只有这样,家庭在树立孩子们的法律观念方面才能够发挥应有的作用。

5.重视对大学生进行心理健康教育

素质教育的重要组成包括心理健康教育。在我国的高等教育中,除很小一部分少年大学生外,绝大多数的学生进入大学时正处于18周岁左右的年龄阶段,其心理正在走向成熟但又未完全成熟。他们心理上具有强烈的要求被他人和社会认可的冲动,独立自主意识强。与此同时,由于进入大学后,学习环境以及人际关系产生变化,加之经济压力、学习压力和就业压力等众多人生考验接踵而至,会使一些心理脆弱的学生不知所措,从而对法律、制度产生抵触情绪。很多大学生的违法犯罪行为,都是心理不健康、不良情绪释放导致的结果。大学生法律意识薄弱与其心理不健康有着不可分割的联系。研究表明,意志力不够坚定是大学生犯罪的主要因素,不良情绪占据了主导地位,家人过高的期望、残酷的社会竞争以及自我调节能力不足都有可能使学生产生不良情绪,不良情绪长期以来无法释放,积累到临界值,便有可能通过极端的方式排解出来,从而导致了悲剧的发生。

很多情况下,在学校、家庭以及社会的共同影响下促成了青年大学生的心理素质的发展。一旦他们出现心理健康方面的问题,不仅会对自己造成伤害,还会威胁到家人和社会。"学校作为青年大学生心理教育的主要根据地,不单要提高大学生的学业成绩和身体素质,还需要培育其道德意识、政治素养、法治素质,更重要的是让学生拥有良好的心理素质。"所以,在成长过程中的心理健康教育是尤其关键的一步。因为它不仅和大学生的身心健康发展有关,还关乎他们形成完整的人格,更和培养学生的实践能力有关。大学期间对大学生来说十分重要,此时的他们思想尚未完全成熟、性格性情都处在变化之中,并且认知水平和处理事物的能力又十分有限,当面对难题时,他们的心理很容易激动,行为会变得偏激和极端。这时就迫切需要老师对他们开展心理疏导,协助其摆正心态,正确看待学习和生活上的难题。我们在增强青年大学生法律意识培育的同时,对他们进行心理健康教育,这样可以更加充分地保证他们拥有健康过硬的心理素养。从上述中不难看出,把青年大学生法律意识培育和心理健康教育综合起来,对其法律意识培养目标的实现有着关键的意义,同时对推进法律意识培育工作的创新以及学生健康心理的养成也意义重大。

在高校开展心理健康教育,应从大学生的生理、心理发展特点出发,采用相关心理教育方式和技巧,强化心理健康教育工作,要逐步建立大学生心理档案,健全大学生心理健康危机预警机制。从而使学生正确认识自我,培养积极向上的心理素质。心理健康教育不仅包括面向全体学生开展的具有普遍性的心理健康教育,帮助他们树立信心和提高对新环境的适应能力;而且还包括为心理不健康的学生进行一对一治疗,对个别有心理障碍和行为问题的学生,给予科学和耐心的心理教育,使他们尽快摆脱困惑,合理自我调节,形成健康、乐观的心理品质,促进他们人格的健全发展,防止他们有危害社会的想法和举动。

不仅如此,学校还可以根据大学生的年龄和心理特征的差异,采取做游戏、集体讨论等方法展开有针对性的专题讲座、心理沙龙和自信心树立、人际交往训练、拓展训练等活动,让学生轻松愉快地感悟人生,不断地提高心理素质和健康水平。大学生需要通过高校组织的心理健康教育活动,了解基础的心理卫生知识,调节和释放不良情绪,形成较为坚定的意志力,提升抵御各种不良社会风气影响的能力,进而提升法律意识,加强法治观念,提高自控能力和预见能力,及时降低为了排解心理问题而造成悲剧的可能性。大学生应当掌握心理调节的基本方法,培养健康心理,进而不断提升自己的法律意识和法律修养,使之成为学法、懂法、守法、用法、护法的合格公民,为中国社会民主法治建设贡献力量。

开展心理健康教育不但能使学生更好地认识自我,充实日常生活,也有助于增强他们对环境的适应能力,保持身心健康。此外,心理健康教育还可以帮助学生正视长期以来积累的心理障碍、心理疾病等,避免学生因不良情绪而酿成悲剧。想要有效巩固法治教育效果,必须切实提升大学生的心理健康水平,进而提高大学生的法律意识水平。大学生是我国社会主义现代化建设的主力军,其法律意识水平直接决定我国社会主义法治建设的进程,因此,对其法律意识的培养迫在眉睫。但冰冻三尺非一日之寒,综合我国当前的情况来看,这项工作将持续很久且需要大学生自己、家庭、学校以及全社会的相互配合、共同努力。我们必须把培养大学生法律意识摆在首位,给中国法治现代化建设乃至全面现代化建设的宏伟蓝图打下一个坚实的基础。

参考文献

[1]陈少平.大学生伤害事故管理的理论与实务[M].厦门：厦门大学出版社,2013.

[2]法规出版分社.中华人民共和国学位条例[M].北京：法律出版社,2004.

[3]华坚.大学生入学教育[M].苏州：苏州大学出版社,2015.

[4]侯明.大学生网络失范行为及其教育路径研究[D].哈尔滨:哈尔滨理工大学,2017.

[5]贾金玲.大学生思想道德教育与法律基础[M].成都：电子科技大学出版社,2011.

[6]刘婧.大学生法治意识现状及教育对策研究[D].郑州：河南农业大学,2017.

[7]刘晓东.论大学生法治意识的影响因素及创新路径[J].改革与开放,2017,(19):51-52.

[8]刘传兰.宪法[M].北京：中国政法大学出版社,2014.

[9]刘定华.法学教育研究 第3辑[M].北京：知识产权出版社,2016.

[10]李华,赵建.普通高等学校学生管理规定 条文精义与案例解析[M].北京：经济管理出版社,2017.

[11]卢日霞.依法治国背景下大学生法治素养研究——以桂林市高校为例[D].桂林:桂林理工大学,2017.

[12]马林,吴开华.教育法基础[M].北京:清华大学出版社,2012.

[13]孙庆珠.当代大学生创业教育[M].北京:国防工业出版社,2010.

[14]唐钰瑾.新形势下大学生法律意识的培养方法研究[D].太原:中北大学,2017.

[15]徐洪军,崔岩,阚莹莹.高校思想政治教育前沿问题研究[M].哈尔滨:黑龙江大学出版社,2014.

[16]杨志武,周立新.大学生法律实务[M].北京:煤炭工业出版社,2012.

[17]杨忠明,何曾艳.大学生法治素养提升的路径与方法研究[J].学校党建与思想教育,2017(12):50-52.

[18]赵雪舟.大学生法治素养培养问题研究[D].上海:上海师范大学,2018.

[19]张琴凤.大学生法治素养提升路径探究——从近期一些高校的校园贷事件说起[J].兰州教育学院学报,2018,34(12):109-111.

[20]张波.全面依法治国背景下当代大学生群体法治素养提升路径研究[J].法制与经济,2018(10):165-167.

[21]张晓玲,闵浩.大学生法律知识与法律素质教育培养研究[M].北京:人民日报出版社,2014.

[22]朱爱胜.大学生就业与创业导论[M].上海:高等教育上海出版社,2016.

[23]曾少华,刘小春.大学生法律知识读本[M].南昌:江西高校出版社,2014.

[24]郑造桓.社会保障与社会发展研究系列丛书 社会保障与深化改革[M].杭州:浙江大学出版社,2015.